Java + Spark
빅데이터 분석 프로그래밍

박창목 지음

한나래 아카데미

Java + Spark
빅데이터 분석 프로그래밍

2020년 3월 23일 1판 1쇄 박음
2020년 3월 31일 1판 1쇄 펴냄

지은이 | 박창목
펴낸이 | 한기철

펴낸곳 | 한나래출판사
등록 | 1991. 2. 25. 제22–80호
주소 | 서울시 마포구 토정로 222, 한국출판콘텐츠센터 309호
전화 | 02) 738–5637 · 팩스 | 02) 363–5637 · e–mail | hannarae91@naver.com
www.hannarae.net

ISBN 978–89–5566–234–4 93000

* 이 도서의 국립중앙도서관 출판예정도서목록(CIP)은 서지정보유통지원시스템 홈페이지(http://seoji.nl.go.kr)와 국가자료종합목록 구축시스템(http://kolis-net.nl.go.kr)에서 이용하실 수 있습니다.(CIP제어번호: CIP2020009389)

머리말

최근 4차산업혁명으로 산업 전반에 많은 변화가 일어나고 있다. 주목할 만한 점은 다양한 빅데이터 분석 기술이 기업에서 점점 더 많이 사용되고 있다는 것이다. 앞으로 빅데이터 분석은 점차 기업의 핵심 업무가 될 것이며, 기업 환경은 빅데이터 기술을 활용하면 더 많은 혜택을 누릴 수 있게 변모해갈 것이다. 이제 컴퓨터공학을 전공하지 않은 사람도 빅데이터 분석을 알아야 하는 시대가 된 것이다.

빅데이터 분석의 첫걸음은 컴퓨터 프로그래밍이다. 물론 프로그래밍 없이 빅데이터 분석을 할 수 있는 도구들도 있다. 하지만 목적과 필요가 제각각인 다양한 기업 환경에서 그에 걸맞은 분석 시스템을 개발하기 위해서는 반드시 프로그래밍 기술이 필요하다. 이러한 관점에서 Java를 이용한 빅데이터 분석 기술은 기본적인 밑바탕에 해당한다고 할 수 있다. 실제로 기업 내부에서 실시간으로 구동되는 빅데이터 분석 시스템의 많은 부분이 Java로 구현되어 있다.

이 책은 컴퓨터공학 비전공자들이 좀 더 쉽게 공부할 수 있도록 빅데이터 분석에 필요한 핵심적인 내용들만 엄선하였다. 책은 크게 세 부분으로 나눌 수 있다. 1장에서 4장까지는 Java 프로그래밍 기술을 소개한다. Java는 빅데이터 분석을 컴퓨터에 명령하는 일종의 대화언어이다. 5장에서는 빅데이터 수집방법을 소개한다. 특히 최근 많이 사용되고 있는 빅데이터인 웹데이터와 공공데이터의 수집방법을 담았다. 6장에서는 머신러닝을 기반으로 하는 빅데이터 분석방법을 설명하고, 머신러닝을 쉽게 구현할 수 있는 Java 기반의 개발도구 Spark를 소개한다.

빅데이터 분석은 컴퓨터공학, 경영학, 산업공학, 사회학 등 여러 분야의 지식들이 잘 융합되어야만 성공할 수 있는 기술이다. 이 책이 다양한 분야의 독자들이 빅데이터 분석에 대한 지식을 습득하고 업무에 활용하는 데 보탬이 되길 바란다.

마지막으로 출간에 도움을 주신 한나래출판사 임직원분들께 감사의 말씀을 전한다. 또한 집필 활동을 응원해준 사랑하는 아내와 아들 진우에게도 고마움을 전하고 싶다.

2020년 2월

박창목

contents

chapter 4 Java를 이용한 데이터 입출력

chapter 5 Java를 이용한 빅데이터 수집

chapter 6 Java를 이용한 빅데이터 분석 방법

기업경영에서 사용되던 데이터 분석 업무가 어떻게 확장되어 빅데이터 분석이라는 영역이 만들어졌는지 소개하고, 빅데이터 분석을 정의한다.

chapter

1

빅데이터 분석이란?

❶ 기업경영과 정보시스템

기업경영은 산업이라는 대상을 시스템적인 방법으로 설계하고 운영하는 학문이다. 여기서 산업이라는 것은 크게 제조기업, 서비스기업, 금융기업, 의료기업, 공공기관 및 교육기관을 모두 포함한다. 또한 시스템적인 방법이라는 것은 과학, 공학 및 경영학의 원리를 결합한 방법론이라고 할 수 있다. 그리고 기업을 설계하고 운영한다는 것은 공장을 설계 및 구축하고 매일 반복되는 생산 과정이 효율적으로 이루어지도록 통제하는 것이라고 할 수 있다.

그러면 기업에서 시스템적인 방법으로 기업을 설계하고 운영하는 일은 어떤 형태로 존재할까? 실제 기업에서는 정보시스템을 이용하여 일을 한다. 예를 들면 아래와 같은 것들이다.

- 인적자원 정보시스템(human resource information system):
  종업원의 모집, 배치, 개발, 평가, 보상 등 인사관리 기능을 지원하는 정보시스템

- 생산 정보시스템(production information system):
  생산 시스템의 운영 및 통제 활동을 지원하는 정보시스템

- 마케팅 정보시스템(marketing information system):
  마케팅 활동의 조정 및 통제 등의 활동을 지원하는 정보시스템

- 재무 및 관리회계 정보시스템(financial & management accounting information system):
  투자 활동과 자금 조달 등 재무 활동 지원, 분개에서 전기, 결산에 이르는 회계의 전반 업무 및 이와 관련된 업무를 처리하는 시스템

이러한 수많은 정보시스템 안에는 앞에서 언급한 과학, 공학 및 경영학의 원리를 이용한 방법론들이 담겨 있다.

2 데이터 수집 영역 변화

그럼 정보시스템의 역할은 무엇일까? 먼저 기본적인 역할은 정보의 입출력 기능이다. 즉 업무를 진행하면서 발생하는 많은 데이터를 저장하고, 우리가 필요한 정보를 조회하여 다음 업무가 무엇인지 알려주는 것이다. 그래서 현재의 기업 업무는 컴퓨터가 없이는 불가능해졌다. 또 다른 경영 정보시스템의 중요한 역할은 기업 설계와 운영에 대한 통찰력을 제공하는 것이다. 이를 위해 우리는 경영 정보시스템에 수학적 분석 기능을 부여해야 한다. 그동안 쌓아온 방대한 운영 데이터를 분석하여 미래를 설계하고 바람직한 운영 방법을 찾는 것이다. 이러한 수학적 분석이 '통계, 데이터마이닝, 최적화'라는 용어로 기업에서 활용되어 왔다.

기존 경영 정보시스템의 데이터 수집 영역은 기업 업무에 국한되어 있었기 때문에 기업 데이터베이스에 테이블 형식으로 존재하는 정형화된 데이터를 수집해서 활용하는 것으로도 충분했다. 예를 들면 과거 매출 데이터를 모아서 어떤 제품이 잘 팔리는지, 어떤 고객이 어떤 서비스를 좋아하는지를 분석하여 제품의 서비스 디자인과 마케팅 기획에 활용할 수 있었다. 그러나 현재는 고객의 역할이 매우 커져서 고객, 즉 대중의 영향력이 기업 구석구석에 작용하고 있다. 기업과 직접 접촉했던 일부 고객들의 정보만으로는 미래 기업 설계와 운영에 대한 통찰력을 가지기 어려운 시대가 된 것이다. 이제 기업들은 아직 만나지 못한 더 많은 잠재 고객(대중)까지 분석하기를 원한다.

그렇다면 대중은 어디에 있을까? 현대에는 인터넷이라는 공간에서 대중을 만날 수 있다. 이런 인터넷상에 존재하는 대중의 모습은 어떤 것일까? 얼핏 생각하면 SNS상의 많은 글들이 대중의 모습이라고 할 수 있을 것이다. 그러나 단순히 규정하기에 그 형식은 매우 다양하고 변화무쌍하다. 또한 수많은 대중들은 빠르게 움직이며 짧은 시간에도 엄청나게 많은 데이터를 만들어낸다. 대중을 이해하고 분석하려면 그들이 생산해내는 방대한 양의 데이터를 다룰 수 있어야 한다. 이것이 바로 빅데이터(big data)이다.

3 데이터 수집 및 분석방법의 변화

과거에는 기업이 가지고 있는 운영 데이터(영업 및 생산 데이터)를 활용하거나 설문을 통해 필요한 데이터를 수집하였고, 통계기법을 이용하여 분석이 이루어졌다. 이러한 분석은 알고자 하는 대상에 대한 수학적 가정을 통하여 이루어지므로 시스템에 대한 직관적 이해가 전제되어야 가능했다.

현대에는 일반 대중을 상대로 한 데이터 수집이 필요한데, 이는 기업 운영 데이터에는 포함되어 있지 않다. 대중은 다양하고 시시각각 변화하는 속성을 가지고 있기 때문에 직관적으로 이해하기 어려운 경우도 많다. 그렇기 때문에 기존의 데이터 수집 및 분석방법으로는 한계가 있다. 대중의 빅데이터를 어떻게 수집하고 분석해야 대중에 대한 통찰력을 얻을 수 있는지 생각해봐야 한다.

빅데이터는 데이터가 존재하는 영역에 접근하는 방법과 형식을 알아야 수집할 수 있다. 또한 데이터의 형식이 다양하고 양이 많기 때문에 효율적으로 저장하고 조회할 수 있어야 한다. 저장된 데이터를 조회하는 것만으로도 엄청난 시간이 걸릴 수 있기 때문에 기존과는 다른 데이터 수집방법이 필요하다.

불특정한 대중에 대해서는 이론적 접근이 어렵기 때문에 빅데이터 분석에는 블랙박스 접근법이 필요하다. 블랙박스란 대상에 대한 구체적인 모델이 설정되어 있는 것이 아니라 어떤 대상이든지 그 대상의 광범위한 정보를 수집하여 학습할 수 있는 기능을 가진 장치라고 할 수 있다. 즉 이를 위해서는 인간의 뇌처럼 엄청난 양의 데이터를 분석하여 스스로 학습할 수 있는 기능이 필요하다. 그래서 현대 빅데이터 분석에 가장 적합한 방법은 인간의 뇌를 모방한 딥러닝(인공신경망) 분석이다.

딥러닝은 궁극적으로 가장 적합한 빅데이터 분석방법이지만 적용이 어려운 경우가 많다. 이 때문에 대상에 대한 수학적 모델과 학습 방법을 이용하는 데이터마이닝(data mining)이 일반적으로 많이 사용되고 있다.

빅데이터 분석의 가장 큰 어려움은 엄청난 양의 데이터를 활용하여 학습해야 한다는 것이다. 가장 빠른 컴퓨터를 사용해도 작업에 수십 년 이상이 걸린다면 좋은 결과를 얻을 수 있다고 해도 현실성이 없는 방법이다. 이러한 점을 보완하기 위해 빅데이터 분석에는 인터넷에 분산되어 있는 컴퓨터를 이용한 병렬처리 기법이 사용된다.

❹ 빅데이터 분석의 정의

앞에서 설명한 것처럼 기업은 빅데이터를 활용하여 미래에 바람직한 기업 설계 및 운영 방법을 알아내고 싶어 한다. 빅데이터 분석방법은 구체적으로 데이터마이닝 혹은 딥러닝 기법을 이용하여 다양한 연관성을 찾아가는 것이라고 볼 수 있다. 미래에 성공할 수 있는 기술은 무엇인가? 대중이 좋아하는 서비스는 무엇인가? 우리 고객과 연관되어 있는 대상은 무엇인가? 이러한 모든 질문이 '연관성'이라는 말과 이어진다. 직접적인 연관성을 찾는다면 하나의 답을 찾기 위해 분석을 할 것이고, 간접적인 연관성을 찾는다면 나아갈 어떤 방향을 찾기 위해 분석을 하는 것이다.

빅데이터의 응용 분야는 다양하다. 공공기관이 생각하는 것과 기업이 생각하는 것이 다르고, 의료 산업에서 생각하는 것은 또 다를 수 있다. 그러나 우리는 경영 분야, 특히 제품의 기획 및 마케팅 분야에서 다루는 빅데이터 분석에 국한하여 다음과 같이 정의를 내려볼 것이다. "대중의 정보를 인터넷에서 수집하여 기업의 설계와 운영을 위한 지식 획득을 위해 실행하는 공학적인 분석과정." 이러한 정의의 키워드를 그림으로 표현하면 다음과 같다.

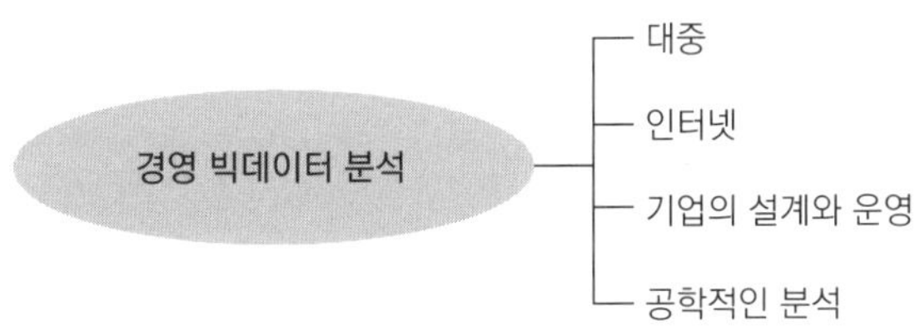

빅데이터 분석에서 컴퓨터는 필수 도구이기 때문에 기본적으로 컴퓨터와 대화할 수 있는 언어를 배워야 한다. chapter 2에서는 빅데이터 분석을 위해 꼭 배워야 할 것들을 설명한다.

chapter

2

빅데이터 분석을 위해서 무엇을 배워야 하나?

1 컴퓨터 프로그래밍

인터넷에서 데이터를 수집하고 분석하기 위한 계산에는 컴퓨터를 이용할 수밖에 없다. 컴퓨터에게 분석을 시키려면 컴퓨터와 대화할 수 있는 언어를 알아야 한다. 물론 고비용을 들여서 빅데이터 분석을 해주는 소프트웨어를 구매하면 손쉽게 클릭 몇 번으로도 분석을 할 수 있다. 하지만 저렴한 비용으로 다양한 기능을 사용하기 원한다면 컴퓨터 언어를 익혀서 직접 하는 것이 좋다.

컴퓨터와 사람이 대화할 수 있도록 개발된 언어로는 Java, C++, VBA(Visual Basic Application), Python 등 많은 종류가 있다. 현대에 컴퓨터 언어는 두 가지 방향으로 변화하고 있는데, 첫 번째는 매우 쉽게 만들어져서 일반인들도 빠르게 익혀서 원하는 작업을 수행할 수 있도록 하는 방향이다. 두 번째는 특정한 목적에 적합한 언어를 개발하여 사용하는 방향이다. 예를 들어 스크래치(Scratch)라는 컴퓨터 언어는 요즘 초등학생들의 컴퓨터 교육 목적으로 만들어져 사용되는 언어이다.

외국어를 배울 때 전 세계적으로 가장 많이 사용되는 언어인 영어를 주로 배우듯이, 컴퓨터 언어도 범용 언어가 있다. 바로 Java이다. 빅데이터 분석의 전문가가 되려면 꼭 Java를 배워야 한다. 컴퓨터는 사람과 다르게 전기의 on/off만 인식하는 전자회로로, 0과 1로만 이루어진 언어를 사용한다. 하지만 인간은 문자 언어(영어)에 익숙하기 때문에 Java는 영어로 표현되는 명령문과 몇 가지 문법을 이용한 서술 방법을 제공한다. 즉 우리가 원하는 분석 작업을 Java로 표현하면 Java 개발사에서 제공하는 소프트웨어(실행기)가 이를 다시 컴퓨터 언어로 해석해서 컴퓨터가 수행하도록 하는 것이다. 그래서 대부분의 컴퓨터 언어에는 이를 사용하기 위한 편집 프로그램, 해석 프로그램, 실행 프로그램 등이 필요하다.

2 데이터 수집·입력·출력 방법

여러분이 의류 회사의 기획팀에서 근무한다고 가정해보자. 기획팀장이 당신에게 이번 여름 여성패션에 대한 유행 트렌드 분석을 해보라고 업무를 지시하면 여러분은 다음과 같은 순서로 일을 할 것이다.

1단계: 데이터 수집
다양한 여성패션 전문지의 기사 내용을 수집하고, 참고할 만한 내용을 스크랩해서 파일로 저장한다.
2단계: 데이터 입력
파일로 수집된 자료 내용을 차근차근 읽어본다.
3단계: 데이터 분석
자료를 바탕으로 올 여름 여성패션 트렌드에 대해서 생각하고 예측해본다.
4단계: 데이터 출력
예측한 올 여름 여성패션의 대표 트렌드에 대한 도표를 만들고 보고서로 작성하여 팀장에게 보고한다.

빅데이터 분석도 위와 같이 '수집 > 입력 > 분석 > 결과출력'이라는 순서로 진행되며, 우리는 컴퓨터를 이용하여 이러한 과정을 수행할 수 있는 기술을 배워야 한다.

2-1 데이터 수집

빅데이터 분석을 위해서는 인터넷 기사, 페이스북이나 트위터 같은 SNS, 블로그, 공공데이터 등, 다양한 출처와 형태의 자료를 수집해야 한다. 이를 위해서는 자료가 존재하는 시스템의 구조와 수집방법을 알아야 한다. 데이터 수집방법은 표준화된 것이 없고 대상 시스템의 특성에 따라 각각 다른 방법이 필요하기 때문에 쉽지 않은 분야이기도 하다.

2-2 데이터 입력

데이터 입력은 컴퓨터가 분석을 하도록 데이터를 제공해주는 것을 말한다. 예를 들어, 월 매출 합을 구하기 위해 일별 매출액을 계산기 프로그램에 키보드로 입력하는 작업이 이에 해당한다. 물론 빅데이터는 대용량 데이터이기 때문에 하나하나 입력하는 것은 불가능하다. 그래서 빅데이터를 모아둔 컴퓨터 파일을 만들고 데이터 분석 프로그램에 해당 파일을 지정해주면 빅데이터 분석이 수행된다.

2-3 데이터 출력

분석된 결과를 사람이 볼 수 있도록 제공하는 것이다. 가장 흔한 방법은 단순히 문자나 숫자를 파일로 제공하는 것이다. 좀 더 고급 기능으로 표나 그래프를 그려서 제공할 수 있다. 결국 사람이 인식할 수 있는 형태로 분석 결과를 표시하는 것을 말한다. 필요한 경우 이미지나 동영상으로 표현될 수도 있다.

3 데이터 분석방법

빅데이터 분석은 알고리즘(계산 순서를 가진 일련의 작업)을 사용한다. 여기서 알고리즘은 단순 정렬, 빈도수 계산과 같은 단순한 작업부터 딥러닝과 같은 복잡한 학습 알고리즘까지 포함한다. 이러한 알고리즘을 개인이 모두 학습하고 컴퓨터 프로그램으로 직접 구현하여 빅데이터 분석에 사용하려면 평생이 걸려도 불가능할 것이다. 다행히 많은 사람들이 빅데이터 분석에 사용되는 대부분의 알고리즘들을 이미 개발하여 공유하고 있기 때문에 우리는 그 사용법을 배워서 적용하면 된다. 하지만 우리에게 필요한 목적에 정확히 일치하는 도구를 찾는 것은 매우 어려우므로 공개된 코드를 일부 수정하거나 서로 조합하여 용도에 맞게 사용하여야 한다. 그러기 위해서는 통계, 데이터마이닝, 딥러닝에 관련된 알고리즘의 대략적인 원리와 공개된 코드를 이해하고, 수정할 수 있는 기술이 필요하다.

결론적으로 빅데이터 분석을 위해 배워야할 것들을 그림으로 정리해보면 다음과 같다.

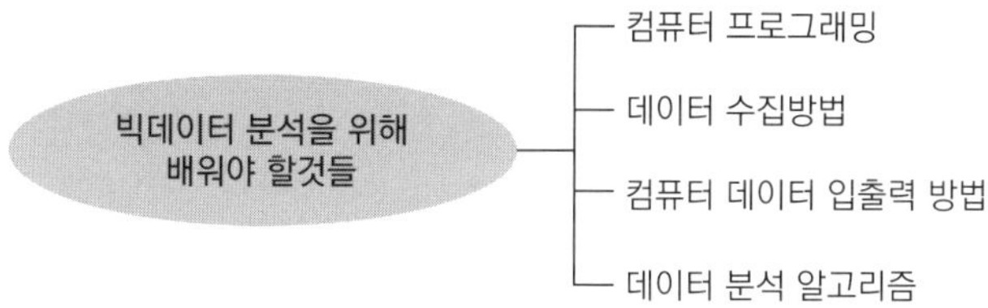

컴퓨터 언어를 이용하여 컴퓨터와 대화하는 것을 프로그래밍이라고 한다. 컴퓨터 언어도 사람의 언어와 비슷하게 문법을 가지고 있으므로 그에 맞게 프로그래밍해야 한다. 컴퓨터는 사람과 다르게 문법적으로 100% 완벽한 형태만 이해한다. chapter 3에서는 빅데이터 분석에 필요한 Java 프로그래밍 문법과 필수 내용을 소개한다.

chapter

3

Java를 이용한 컴퓨터 프로그래밍

❶ Java 컴퓨터 프로그래밍 개요

1-1 Java 컴퓨터 프로그래밍 도구

1) JDK(Java Development Kit)

Java 개발도구라는 의미로 Java 프로그램을 개발하기 위한 필수 도구를 모아 놓은 파일이다. 컴파일러, Java 인터프리터, Java API 문서와 같이 Java 개발자에게 유용한 도구 및 도움말 등을 제공한다. 오라클사의 홈페이지(http://www.oracle.com/technetwork/java/index.html)에서 최신 버전을 무료로 제공받을 수 있다.

2) 이클립스(Eclipse)

JDK만으로도 Java를 개발할 수 있지만 여러 가지 불편한 점이 있다. 이를 보완하기 위해 Eclipse는 편리한 Java 통합개발환경을 제공하여 소스 프로그램 작성, 컴파일, 실행, 디버깅까지 통합적으로 처리할 수 있도록 한다. 편집창에 대한 글꼴 및 줄번호 설정 등 다양한 편의 기능도 제공한다. Eclipse 사이트(http://www.eclipse.org)에서 무료로 제공받을 수 있다.

1-2 Java 컴퓨터 프로그램 작업 절차

1) Java 소스코드 작성

텍스트 파일에 Java 언어 문법에 맞도록 작업 순서를 서술한다. 소스코드는 *.java 형식으로 저장된다.

2) Java 소스코드 컴파일하기

텍스트로 만들어진 Java 파일은 사람에게는 효율적이지만 컴퓨터에서 사용하기에는 비효율적이다. Java 파일을 빠르게 실행하기 위해서는 전처리 단계가 필요한데 이것이 컴파일(compile)이다. 즉 컴퓨터가 이해하기 쉬운 형태로 번역하는 것이다. Eclipse를 사용하면 컴파일은 편집 중에 자동으로 수행되며, 문법적인 오류가 발생하면 붉은색 표시로 오류 위치를 알려준다. 실제 컴파일된 내용을 바이트(byte)코드라고 하며 이진 코드로 만들어지기 때문에 사람이 볼 수는 없다. 컴파일된 결과는 *.class 파일로 저장된다.

3) 바이트코드 실행하기

컴파일 오류가 없는 경우 Eclipse의 실행(run) 메뉴를 클릭하면 우리가 제작한 Java 프로그램이 실행된다. 이는 Java 가상기계(Java Virtual Machine, JVM)라는 소프트웨어가 바이트코드를 읽어서 실행하는 것으로 바이트코드만 있으면 모든 컴퓨터 환경(윈도우즈, 리눅스 등)에서 수행할 수 있다. 이러한 특성을 WORA(Write Once, Run Anywhere)라고 한다. 즉 Java 가상기계가 설치된 플랫폼이라면 다시 컴파일하지 않아도 바로 실행할 수 있다.

4) 디버깅(debugging)하기

사람이 제작한 컴퓨터 프로그램은 다음과 같은 세 가지 오류가 생길 수 있다. 프로그램을 작성한 사람이 프로그램을 실행하면서 실행 오류와 논리 오류를 수정해야 한다.

- 컴파일 오류(syntax error)

  문법적인 오류이다. 언어라는 것은 미리 약속된 단어와 순서를 지켜야 하는데 여기에 오류가 발생한 것이다. 예를 들면 특정 용어의 철자가 잘못된 경우, 혹은 미리 약속된 순서를 무시하고 단어를 사용한 경우에 발생한다. Eclipse를 사용하는 경우 오류가 발생한 줄번호 왼쪽에 붉은색의 둥근 x모양 아이콘이 생기면서 해당 위치에 붉은색 밑줄이 표시된다(아래 그림은 흑백으로 표시되어 있다). 줄번호 아이콘에 마우스 포인터를 올려보면 오류의 종류와 원인을 알 수 있다.

```
public class HelloWorld {

    public static void main(String[] args) {
        System.out.println("Hello World")

    }

}
```

• 실행 오류(run time error)

컴파일은 문제없지만 실행 시 오류가 발생한 경우이다. 예를 들면 특정 숫자를 0으로 나누거나, 존재하지 않는 메모리 위치를 사용하는 경우에 발생한다.

• 논리 오류(logical error)

실행도 잘 되고 컴퓨터도 오류 메시지를 보내지 않지만 오류가 생긴 경우이다. 논리 오류는 오직 사람만이 찾을 수 있다. 예를 들면 최댓값을 찾으려는 프로그램을 작성했는데 실제로는 최솟값을 찾은 경우가 논리 오류라고 할 수 있다.

1-3 Java 컴퓨터 프로그램 기본 구조

Java 컴퓨터 프로그램은 기본적으로 아래 그림과 같이 프로그램의 몸체를 이루는 클래스(class), 실행의 기본 단위인 메소드(method), 그리고 주석문으로 이루어져 있다. 여기서 메소드는 프로그램의 핵심 역할을 하며 그 내부는 일반적으로 ① 데이터변수 선언, ② 데이터변수 입력, ③ 분석 수행, ④ 결과출력에 관한 내용으로 채워진다.

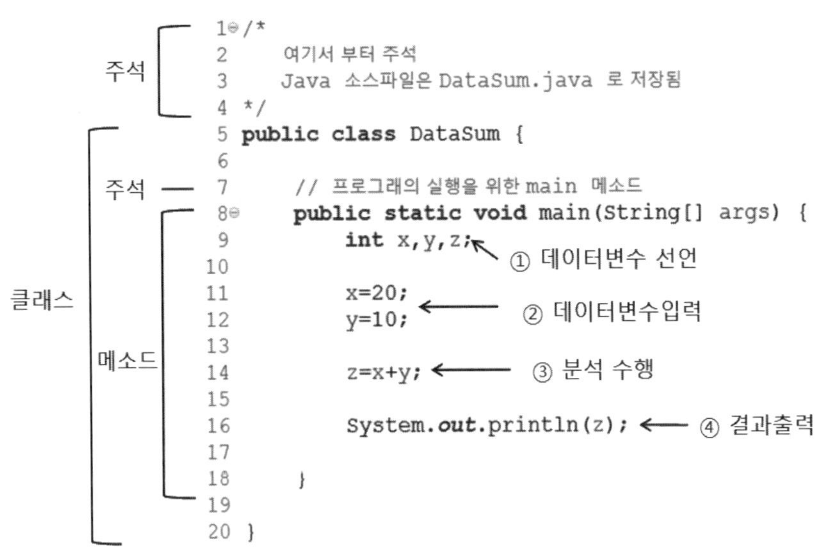

주석문은 프로그램 내용과 상관없는 설명문이며 "//"는 그 줄의 끝까지 주석으로 설정한다. "/*"와 "*/"는 그 범위 안의 모든 내용을 주석 처리한다.

클래스는 Java 프로그램을 이루는 기본단위이며, 프로그램은 최소한 1개 이상의 클래스를 가지고 있어야 한다. 클래스는 항상 class라는 키워드로 시작되며 "{"에서 시작하여 "}"로 끝나야 한다.

메소드는 알고리즘 수행의 기본 단위이며 마찬가지로 "{"에서 시작하여 "}"로 끝나야 한다. 특히 main() 메소드는 Java 프로그램에서 처음 시작하는 메소드를 의미한다. 그리고 main() 메소드는 public static void로 선언되어야 한다. 메소드의 주요 구성 내용은 아래와 같다.

1) 데이터변수 선언

분석에 사용될 데이터를 저장하는 메모리 공간을 설정하는 동작이다. 단순한 구조에서 다량의 복잡한 구조 데이터를 설정할 수 있다.

2) 데이터변수 입력

분석에 사용될 실제 데이터를 외부에서 받아서 채우는 작업이다. 고정된 데이터는 소스코드 내에서 바로 입력하지만, 분석을 실행할 때마다 데이터가 달라지는 경우에는 키보드로 입력하거나 파일, 외부 데이터베이스에서 가져온다.

3) 분석수행

컴퓨터 프로그램의 대부분을 차지하는 내용이며, 데이터로부터 알고 싶은 다양한 계산 알고리즘 수행 절차를 명시하는 부분이다.

4) 결과출력

분석 결과를 사용자에게 제공하는 방법을 명시한 부분이다. 간단한 결과는 화면에 출력이 가능하지만, 복잡하고 다양한 결과는 파일에 생성하거나 데이터베이스에 저장한다.

Java 메소드 내에서 각 명령문 마지막에는 세미콜론(;)을 사용해야 한다.

1-4 Java 패키지 활용

Java를 이용하여 프로그램을 제작하면서 자주 사용하는 기능들은 따로 모아 패키지 형식으로 제공한다. 다양한 기능이 제공되는데 Java에서 특정 기능을 사용하려면 import 문을 사용하여 해당 기능 사용을 명시해야 한다. 아래 표는 가장 많이 사용되는 패키지의 예이다.

패키지 이름	설명
java.lang	프로그램에 기초적인 기능을 제공한다. 문자열을 다루는 기능, 수치데이터형, 수학함수 등을 포함한다. 자동으로 import되므로 따로 설정할 필요가 없다.
java.util	날짜 및 시간 관련 기능, 벡터와 같은 유용한 저장 기능을 제공한다. 사용할 경우 명시해야 한다.
java.io	데이터 입출력에 관한 기능을 포함한다. 사용할 경우 명시해야 한다.

Java에서 모든 기능들은 객체라는 형태로 제공된다. 객체는 속성(property: 데이터)과 메소드(method: 처리 동작)가 모인 하나의 단위이다. 실제 사용 설정은 프로그램 앞쪽에 import 문을 사용하는 것인데, import 동작은 메모리상에 해당 객체를 사용하도록 준비하라는 의미이다.

1-5 Hello World 문자 출력 예제

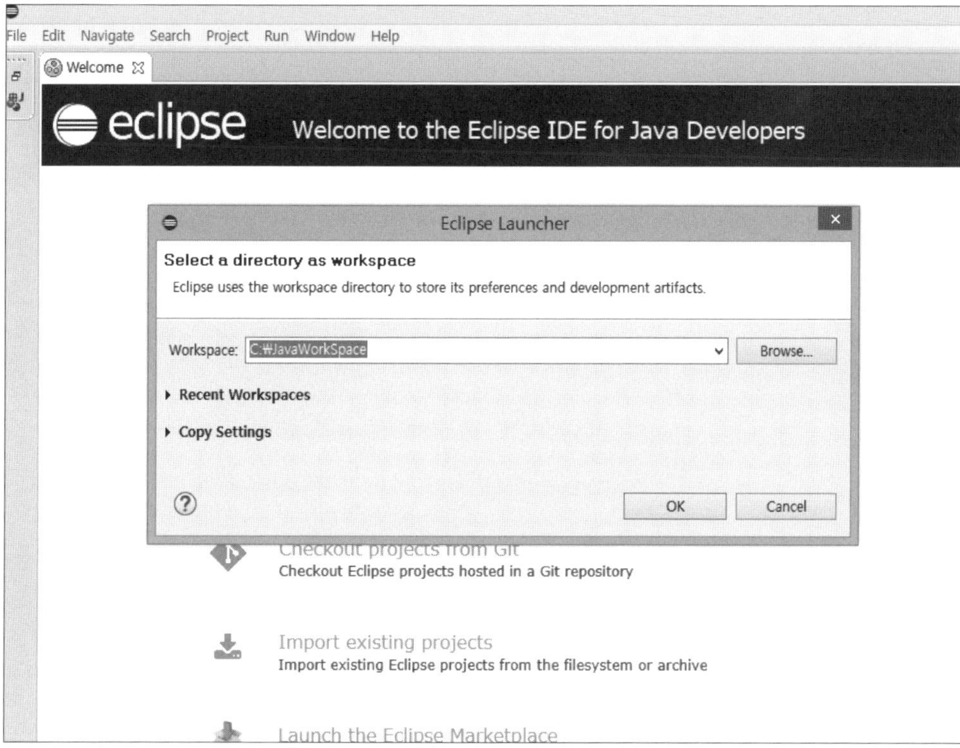

JDK와 Eclipse를 설치한 후 처음으로 Eclipse를 실행하면 위 화면이 뜬다. 본인이 제작한 Java 프로그램이 저장되는 폴더를 지정하는 것이다. 폴더를 하나 만들어서 설정해주면 다음에 실행할 때는 다시 묻지 않는다. 단순한 문자열을 출력하기 위한 Java 프로그램을 작성하기 위하여 다음과 같은 절차로 진행한다.

먼저, File 메뉴의 New > Java Project를 선택한 후, 아래 화면처럼 생성할 프로젝트 이름(HelloWorld)을 입력하고 Finish 버튼을 누른다.

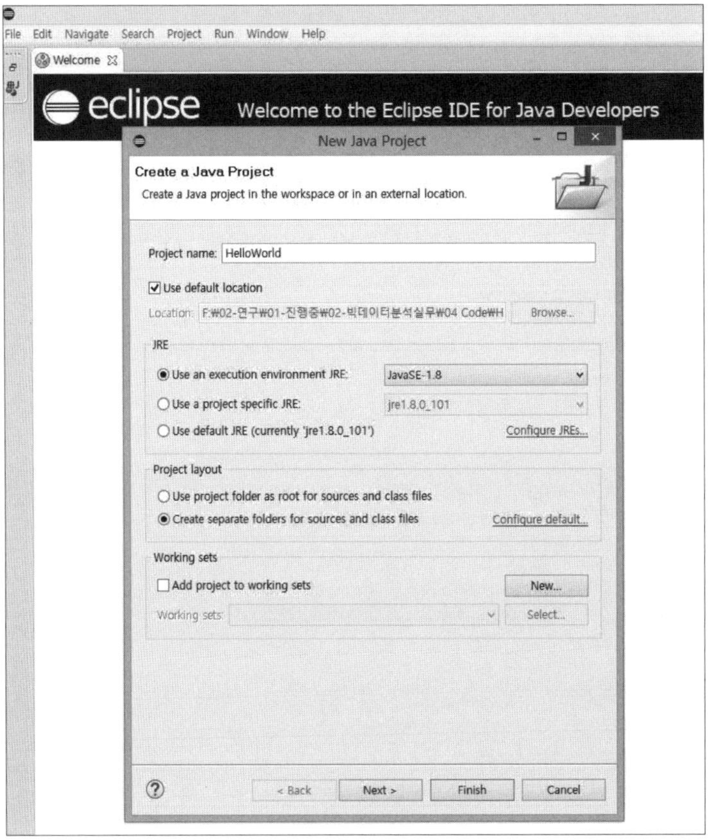

Welcome 창 x 버튼을 누르고 File 메뉴의 New > Class를 선택하면 다음 화면처럼 클래스 이름을 설정하는 창이 뜬다. Name에 HelloWorld를 입력하고, 체크박스에서 public static void main(String[] args)을 클릭한 후 Finish 버튼을 누른다.

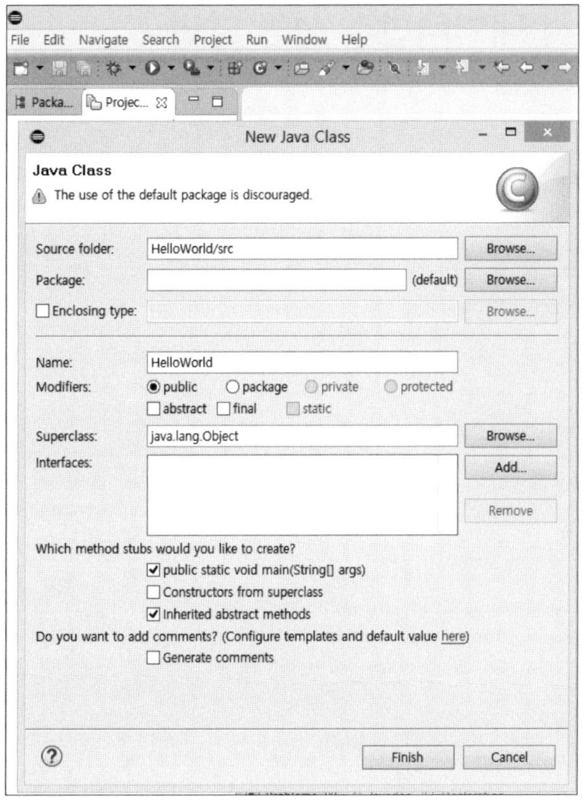

끝으로, 아래 그림처럼 생성코드의 main 메소드에 한 줄을 입력하고 프로그램 실행 버튼(왼쪽 위에 흰 삼각형이 그려진 녹색 버튼)을 누르면 아래 Console 창에 실행된 결과를 확인할 수 있다.

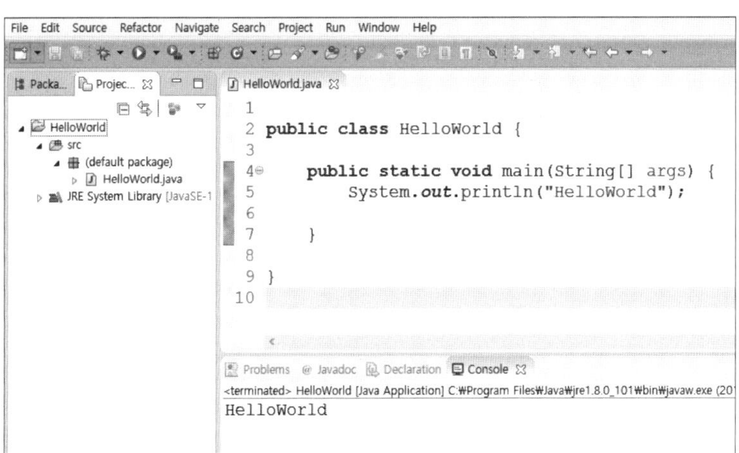

2 Java에서 데이터변수 선언 방법

2-1 데이터 종류

Java에서 사용되는 데이터 종류는 숫자와 문자로 구성되며 숫자는 아래 표와 같이 다양한 형식이 존재한다.

형태	데이터 형식	메모리 크기	값의 범위
논리값	boolean	1byte	true, false
정수값	byte	1byte	-128 ~ 127
	short	2byte	-32768 ~ 32767
	int	4byte	-2^31 ~ 2^31-1
	long	8byte	-2^63 ~ 2^63-1
실수값	float	4byte	-3.4E38 ~ 3.4E38
	double	8byte	-1.7E308 ~ 1.7E308

단일 문자는 char를 사용하고, 문자열은 String을 사용한다. 문자 하나는 2byte의 메모리 크기를 가지며, 문자열은 문자 개수에 따라 메모리 크기가 다르다.

2-2 단일 데이터 선언

변수 선언은 데이터 형식과 변수 이름을 나란히 써서 수행한다. 아래 코드는 price란 이름을 가진 4byte 정수와 product라는 문자열을 선언한 것이다.

```
int price;
String product;
```

프로그램 실행 중에 위 변수에 값을 설정하거나 변경할 수 있으며, 필요할 때 저장된 값을 참조할 수 있다. 특정 변수를 초기화하고 변경할 수 없도록 하기 위해서는 final을 사용한다. 아래 코드는 PI라는 변수를 생성하여 변경 없이 사용하도록 한 것이다.

```
final double PI = 3.141592
```

2-3 배열을 이용한 다중 데이터 선언

배열은 같은 타입의 데이터들이 순차적으로 저장되는 공간으로 배열 인덱스는 0부터 시작되며 데이터가 존재하는 상대적인 위치를 나타낸다. 아래 코드는 4개의 정수값을 저장하는 배열을 선언하고 값을 설정한 예이다.

```
int A[]=new int[4];
A[0]=10;
A[1]=20;
A[2]=30;
A[3]=40;
```

배열을 생성하면 길이에 해당되는 length 값이 자동 생성되는데 위 예에서 A.length 값은 4로 설정되어 있다. 또한 배열은 2차원 데이터 공간을 설정할 수 있다. 예를 들어 가로 3, 세로 3인 총 9개의 저장 공간을 표현하려면 아래 코드를 사용할 수 있다.

```
int B[][]=new int[3][3];
B[0][0]=10;
B[0][1]=20;
...
B[2][1]=80;
B[2][2]=90;
```

10	20	30
40	50	60
70	80	90

B[행인덱스][열인덱스] 형식으로 저장 공간에 접근할 수 있다.

3 키보드 및 화면을 이용한 데이터 입출력 방법

컴퓨터 프로그램은 컴퓨터에게 어떤 작업을 지시하기 위해 사용되는 것이다. 그러므로 무언가 필요한 데이터를 전달하고 또 그 결과에 대한 확인이 필요하다. 가장 간단하게 사용되는 방법은 Java의 표준 입출력 기능을 사용하는 것인데, 키보드를 통해서 바이트(byte) 형식의 데이터를 입력받고 화면을 통해 결과값을 출력하는 것이다.

3-1 키보드를 이용한 데이터 입력

Java에서 표준으로 제공되는 java.lang 패키지에 System.in이라는 개체가 있는데, 이것을 이용하면 키보드를 눌렀을 때 각 키에 해당하는 바이트코드를 받을 수 있다. java.util 패키지에서 Scanner 개체를 사용하면 바이트 코드를 우리가 인지하기 쉽도록 문자나 숫자로 변환해준다. 처음으로 키보드를 이용한 입력 기능을 사용하려면 다음과 같은 개체 생성 코드가 필요하다.

```
import java.util.Scannner;  // 스캐너 기능 임포트
Scanner a=new Scanner(System.in); // 스캐너 개체 생성
```

위 코드에서 a라고 이름을 명시한 키보드 입력 개체가 생성되고 이를 이용하여 문자 혹

은 숫자를 입력받는다. Scanner에는 사용자 키보드가 공백, 탭 키, 줄바꿈 등의 단위로 입력된다. 예를 들어 사용자가 'Hello, 엔터 키, 100'을 입력했을 때 아래 코드를 사용하면 문자열(Hello)과 숫자(100)를 입력받을 수 있다.

```
String word=a.next();  // 첫 번째 입력을 문자열로 변환
String number=a.nextInt();  // 두 번째 입력을 숫자로 변환
```

Scanner에서 주로 사용되는 메소드는 아래 표와 같다.

메소드명	설명
next()	입력 데이터를 문자열로 변환 제공
nextByte()	입력 데이터를 바이트 데이터형으로 변환 제공
nextShort()	입력 데이터를 short 데이터형으로 변환 제공
nextInt()	입력 데이터를 int 데이터형으로 변환 제공
nextLong()	입력 데이터를 long 데이터형으로 변환 제공
nextFloat()	입력 데이터를 float 데이터형으로 변환 제공
nextDouble()	입력 데이터를 double 데이터형으로 변환 제공
nextLine()	입력 데이터를 한 줄을 문자열로 변환 제공
close()	키보드 입력 종료
hasNext()	다음 입력 데이터가 있으면 true를 제공, 없으면 false를 제공

3-2 화면을 이용한 표준 출력

Java에서 가장 간단한 출력 방법은 화면에 결과값을 표시하는 것이다. Java에서 표준으로 제공되는 java.lang 패키지에 System.out이라는 개체에서 제공하는 println()과 print()를 사용할 수 있다. println()은 출력 후 줄바꿈을 하고 print()는 줄바꿈을 하지 않는다. 다음 코드는 몇 가지 예를 보여준다.

```
System.out.println("Hello"); // Hello 문자 출력
int x=10;
int y=20;
int z=x+y;
System.out.println(x+"더하기 "+y+"은 "+z+"입니다.");
```

위 코드의 출력결과는 아래와 같다.

```
10 더하기 20은 30입니다.
```

3-3 간단한 계산기 예제

1) Java 프로젝트 생성

- File > New > Java Project를 클릭 후 Project Name에 AddTwoNum이라고 입력하고 Finish 버튼을 누른다.
- Eclipse 화면 왼쪽 Package Explorer에서 src/main/java > New > Class 메뉴를 선택하고 public static new main(String[] args)에 체크한 상태에서 AddTwoNum 클래스를 생성한다. 이때 패키지 이름은 빈칸으로 둔다.

다음과 같이 코드를 입력하여 실행해본다. 프로젝트 이름과 클래스 이름을 모두 AddTwoNum으로 입력한다.

2) import 문과 main() 메소드 내부 코드 입력하기

```
import java.util.Scanner;
public class AddTwoNum
{
  public static void main(String[] args)
  {
    int x,y,z;
    Scanner s=new Scanner(System.in);
    x=s.nextInt();
    y=s.nextInt();
    z=x+y;
    System.out.println(x+" 더하기 "+y+" 은 "+z+" 입니다.");
  }
}
```

3) 프로그램 실행하기

프로그램 실행 버튼(왼쪽 위에 흰 삼각형이 그려진 녹색 버튼)을 누르고 아래 Console 창에 아래와 같이 입력한 다음 엔터 키를 누른다.

```
10 20
```

Console 창에 아래와 같은 실행 결과가 출력된다.

```
10 더하기 20은 30입니다.
```

4) 코드 분석

```
import java.util.Scanner;
```

java.util 패키지에 있는 Scanner 기능이 사용되었음을 Java 컴파일러에게 알려준다. import 문이 없으면 Java 컴파일러가 Scanner를 인식할 수 없다.

```
int x,y,z;
Scanner s=new Scanner(System.in);
```

정수를 저장할 수 있는 변수 x, y, z를 생성한다.
또한 키보드로부터 데이터 입력을 담당하는 s라는 개체를 생성한다.

```
x=s.nextInt();
y=s.nextInt();
```

키보드 입력을 통해 문자를 받아서 정수로 변환하여 x에 저장한다. 마찬가지로 두 번째 문자도 정수로 변환하여 y에 저장한다. 문자는 공백으로 분리된다.

```
z=x+y;
System.out.println(x+" 더하기 "+y+" 은 "+z+" 입니다.");
```

x와 y를 더해서 z에 저장한다.
System.*out*.println(문자열)은 괄호 안의 문자를 화면에 출력한다.
괄호 안은 숫자와 문자가 연결되어 있는데, 이런 경우 println( ) 함수 내부에서 자동으로 숫자를 문자로 변환해서 한 줄의 문자열을 만들어준다. "+" 표시는 덧셈을 의미하는 것이 아니고 문자를 붙여주라는 의미이다.

4 데이터 분석을 위한 로직표현 방법

4-1 수학 연산

연산은 주어진 변수와 식을 이용하여 계산결과를 만들어내는 것이다. 컴퓨터 프로그램에서 사용되는 연산은 산술연산자, 비교연산자, 논리연산자, 대입연산자, 증감연산자, 조건연산자가 있다.

1) 산술연산자

연산자	설명
+	더하기
-	빼기
*	곱하기
/	나누기
%	나머지 예) z=x%3 → x를 3으로 나눈 나머지를 z에 할당

2) 비교연산자

연산자	설명
x < y	x가 y보다 작으면 true
x > y	x가 y보다 크면 true
x <= y	x가 y보다 작거나 같으면 true
x >= y	x가 y보다 크거나 같으면 true
x == y	x와 y가 같으면 true
x != y	x와 y가 다르면 true

3) 논리연산자

<table>
<tr><th>연산자</th><th>설명</th></tr>
<tr><td>! x</td><td>not 연산, x의 반대 결과를 가져옴. 즉 x가 true이면 false를 반환, x가 false이면 true를 반환</td></tr>
<tr><td>x || y</td><td>x가 y의 OR 연산, 즉 x와 y가 모두 false인 경우만 false를 반환하고 그 외에는 모두 true를 반환</td></tr>
<tr><td>x && y</td><td>x가 y의 AND 연산, 즉 x와 y가 모두 true인 경우만 true를 반환하고 그 외에는 모두 false를 반환</td></tr>
</table>

4) 대입연산자

연산자	설명
x = y	y값을 x에 할당
x += y	x=x+y와 동일한 의미 즉 x와 y를 합한 후 결과를 x에 할당
x −= y	x=x−y와 동일한 의미 즉 x에서 y를 뺀 후 결과를 x에 할당
x *= y	x=x*y와 동일한 의미 즉 x와 y를 곱한 후 결과를 x에 할당
x /= y	x=x/y와 동일한 의미 즉 x를 y로 나눈 후 결과를 x에 할당
x %= y	x=x%y와 동일한 의미 즉 x를 y로 나눈 나머지를 x에 할당

5) 증감연산자

연산자	설명
x ++	연산자가 사용된 줄에서 x값을 꺼내 사용 후 x변수값을 1만큼 증가시킨다. 예를 들어 아래 코드가 사용된 경우, int x=8, y; y= x ++ 최종 결과값은 x=9, y=8이 된다. y=x++ 코드에서 x값이 8이므로 일단 8을 사용해서 y변수에 할당하고 그 후에 x변수가 1만큼 증가한 것이다.
++ x	연산자가 사용된 줄에서 x 변수값을 1만큼 증가시킨 후 x변수값을 꺼내 사용한다. 예를 들어 아래 코드가 사용된 경우, int x=8, y; y= ++ x 최종 결과값은 x=9, y=9가 된다. y=++x 코드에서 x값이 8이므로 일단 x를 1만큼 증가시키고 결과값을 y변수에 할당한 것이다.
x −−	x ++ 연산자와 동일한 로직으로 동작한다. x변수가 로직에 사용된 후에, x변수를 1만큼 감소시킨다.
−− x	++ x 연산자와 동일한 로직으로 동작한다. x변수를 1만큼 감소시킨 후에, x변수가 로직에 사용된다.

6) 조건연산자

(조건식)? A : B 형식으로 사용되며, 주어진 조건식이 참이면 A를 사용하고 거짓이면 B를 사용한다. 아래 코드를 보면,

```
int a=30;
int b=20;
int big=(a > b)? a : b ;
```

프로그램 내용은 a가 b보다 크면 big은 a이고, 그 외에는 b라는 의미이다. 결과로써 big은 30이 된다.

4-2 조건문

상황에 따라 필요한 분석 및 계산을 선택적으로 수행하기 위해 사용되는 구조이다. 보통 if 문과 switch 문을 말한다. 수행되는 각 부분은 "{" 로 시작하여 "}"로 끝난다.

1) 단순 if 문

특정 조건이 만족되어 필요한 분석을 수행할 때 사용한다. 형식은 다음과 같다.

```
if (조건문) { 수행될 명령 }
```

단순 if 문의 예는 아래와 같다.

```
int a=30;
int b=20;
int big;
if(a > b )
{
  big=a;
}
```

```
if(b > a )
{
  big=b;
}
```

2) if-else 문

특정 조건이 만족될 때와 그 반대의 경우에 수행될 것을 지정할 수 있다. 형식은 다음과 같다.

```
if (조건문)
{ 참일 때 수행될 명령 }
else
{ 거짓일 때 수행될 명령 }
```

if-else 문의 예는 아래와 같다.

```
int a=30;
int b=20;
int big;
if(a > b )
{
  big=a;
}
else
{
  big=b;
}
```

3) 다중 if 문

다양한 조건에 따라 필요한 분석을 수행할 때 사용한다. 형식은 다음과 같다.

```
if (조건문1)
  { 수행될 명령1 }
else if(조건문2)
  { 수행될 명령2 }
else if(조건문3)
  { 수행될 명령3 }
else
  { 수행될 명령4 }
```

아래 예는 다중 if 문을 이용하여 점수에 대한 학점등급을 나누는 예제이다.

```
int amount=96;
if(score >= 90 )
{
  System.out.println("A");
}
else if(score >=80 && score < 90 )
{
  System.out.println("B");
}
else
{
  System.out.println("C");
}
```

4) 중첩 if 문

if 문 안에 또 다른 if 문이 복합적으로 사용될 수 있다. 위 다중 if 문은 중첩된 if 문을 이용하여 아래와 같이 구현할 수 있다.

```
int amount=96;  // 현재 점수를 입력받는다.
if(hour < 90 )
{
 if(hour  < 70 )
 {
   System.out.println("C");
 }
 else
 {
   System.out.println("B");
 }
}
else
{
 System.out.println("A");
}
```

5) switch 문

조건변수의 값에 따라 다른 로직을 표현할 때 사용한다.

```
int com=1;
switch(com)
{
   case 1:
   {
     System.out.println("분석 A를 수행합니다.");
   }
   break;
   case 2:
   {
```

```
      System.out.println("분석 B를 수행합니다.");
    }
    break;
    default:
    {
      System.out.println("1 혹은 2를 선택해주세요.");
    }
}
```

switch 문의 각 조건은 break로 끝나야 한다. 조건이 만족되는 것이 없으면 default 안에 있는 내용이 실행된다.

4-3 반복문

특정 작업들을 반복하는 경우에 사용되는 구조이다. for 문, while 문 do-while 문을 사용할 수 있다. 각 수행되는 부분은 "{" 로 시작하여 "}"로 끝난다.

1) for 문

가장 많이 사용하는 반복문으로 아래와 같은 형식으로 중괄호 안에 있는 내용을 반복한다.

```
for( 초기 수행문(A) ; 반복조건(B) ; 반복 후 수행문(D))
{
 반복할 내용(C)
}
```

for 문이 수행되는 순서는 아래와 같다.

1단계: 초기 수행문(A)이 실행되어 초기 상황을 설정한다.
2단계: 반복조건(B)을 체크하여 반복 여부를 결정한다. 조건이 맞으면 반복할 내용(C)을 수행한다. 조건이 맞지 않으면 for 문을 종료한다.
3단계: 반복할 내용이 모두 수행되고 반복 후 수행문(D)을 실행한다.
4단계: 2단계로 이동한다.

for 문을 이용하여 1에서 10까지 합을 구하는 계산은 다음과 같이 구현할 수 있다.

```
int i, sum;
sum=0;
for( i=1 ; i <= 10 ; i++)
{
 sum=sum+i;
}
```

2) while 문

특정 조건이 만족되는 경우에만 아래와 같은 형식으로 중괄호 안에 있는 내용을 반복한다.

```
while( 반복조건 )
{
 반복할 내용
}
```

while 문을 이용하여 1에서 10까지 합을 구하는 계산은 다음과 같이 구현할 수 있다.

```
int i, sum;
sum=0;
i=1;
while( i <= 10 )
{
 sum=sum+i;
 i++;
}
```

3) do-while 문

특정 조건이 만족되는 경우에만 아래와 같은 형식으로 중괄호 안에 있는 내용을 반복한다. while 문과 다르게 반복할 내용이 최초 한 번은 수행된 후에 반복 여부를 결정하게 된다.

```
do
{
 반복할 내용
} while( 반복조건 )
```

4) 중첩 반복문

반복문은 아래 구조처럼 다른 반복문을 내부에서 다시 사용할 수 있다.

```
for( i=1 ; i <10 ; i++)
{
 for( j=1 ; j <10 ; j++)
 {
   반복할 내용
 }
}
```

5) for-each 문

배열이나 집합의 원소를 순차적으로 꺼내 반복문을 수행하는 구조이다.

```
for( 배열을 임시 저장할 변수 ; 배열 혹은 집합)
{
  반복할 내용
}
```

배열에 있는 숫자를 모두 꺼내 합을 구하는 로직을 아래와 같이 표현할 수 있다.

```
int A[]={2, 5, 7, 9, 3, 4};
int sum=0;
for( int n : A)
{
  sum+=n;
}
```

6) continue 문

반복문에서 반복할 내용에 continue 문이 사용될 수 있다. continue 문 아래에 있는 내용은 무시된다.

7) break 문

반복문에서 반복할 내용에 break 문이 사용될 수 있다. 반복문을 무조건 종료한다.

4-4 예외처리문

프로그램 실행 중 오류가 발생할 경우 프로그램이 비정상적으로 종료될 수 있다. 이러한 실행 오류가 발생하는 경우 이를 감지하여 프로그램이 정상적인 기능을 계속 수행하도록 해주는 로직을 예외처리문으로 구현할 수 있다. 흔히 발생하는 실행 오류는 0으로 나누는 경우, 배열의 크기보다 큰 영역의 데이터에 접근하려는 경우, 그리고 파일을 읽으려는데 파일이 존재하지 않는 경우 등이다. 예외처리문의 형식은 다음과 같다.

```
try
{
  예외 사항이 발생할 경우 수행할 내용
}
catch ( 고려할 예외 사항 )
```

Java에서 흔히 사용되는 예외 사항들은 아래 표와 같다.

예외 사항	설명	패키지 위치
ArithmeticException	숫자를 0으로 나누는 경우	java.lang
NullPointerException	존재하지 않는 객체를 사용하는 경우	java.lang
ArrayIndexOutOfBoundsException	배열의 범위를 벗어난 사용	java.lang
Exception	입출력 동작 오류	java.io
InputMismatchException	키보드 입력 형식 오류	java.util

Java에서 특정 리소스(파일, 장치, 인터넷 등)를 사용하는 프로그램을 작성하는 경우 예외처리가 작성되지 않으면 문법 에러로 간주한다. 이런 경우 꼭 예외처리를 해주어야 한다. 다음 코드처럼 메소드 이름 옆에 예외처리를 설정(throws Exception)하면 try 문을 생략할 수 있다.

```
public static void main(String[] args) throws Exception {
  ...
}
```

4-5 설문 분석 예제

설문지를 보고 답변점수를 입력하는 프로그램을 작성한다. 질문은 10개이고, 각 질문에 대하여 5점 척도로 입력하도록 한다. 답변점수 저장은 배열을 사용하고, 입력이 완료되면 답변점수의 평균을 구하여 출력한다.

1) Java 프로젝트 생성

- File > New > Java Project 클릭 후 Project Name에 SurveyInput이라고 입력하고 Finish 버튼을 누른다.
- Eclipse 화면 왼쪽 Package Explorer에서 src/main/java > New > Class 메뉴를 선택하고 public static new main(String[] args)을 체크한 상태에서 SurveyInput 클래스를 생성한다. 이때 패키지 이름은 빈칸으로 둔다.

2) import 문과 main() 메소드 코드 입력하기

```
import java.util.Scanner;
public class SurveyInput
{
  public static void main(String[] args)
  {
    int score[]=new int[10];
    Scanner s=new Scanner(System.in);
    int q,n;
    double avg;
    for(q=1;q<=10;q++)
    {
      System.out.print("질문"+q+" 점수? ");
      n=s.nextInt();
      if(n <1 || n >5)
      {
```

```
            System.out.println("1~5사이의 정수를 입력하세요");
            q--;
            continue;
        }
        score[q-1]=n;
      }
      avg=0;
      for(q=0;q<10;q++) avg+=score[q];
      avg/=10;
      System.out.println("입력점수 평균은 "+avg+" 입니다.");
  }
}
```

3) 프로그램 실행하기

프로그램 실행 버튼(왼쪽 위에 흰 삼각형이 그려진 녹색 버튼)을 누르고 Console 창에 다음과 같이 10개의 설문입력값을 입력한다.

```
질문1  점수? 5
질문2  점수? 5
질문3  점수? 5
질문4  점수? 5
질문5  점수? 5
질문6  점수? 5
질문7  점수? 5
질문8  점수? 5
질문9  점수? 5
질문10 점수? 5
```

Console 창에 다음과 같은 실행 결과가 출력된다.

```
입력점수 평균은 5입니다.
```

4) 코드 분석

```
int score[]=new int[10];
Scanner s=new Scanner(System.in);
int q,n;
double avg;
```

데이터를 저장하는 변수를 선언하고 키보드 입력을 받는 객체(s)를 생성한다. 10개의 점수를 저장해야 하므로 score라는 배열을 사용하였다.

```
for(q=1;q<=10;q++)
{
  System.out.print("질문"+q+" 점수? ");
  n=s.nextInt();
  if(n <1 || n >5)
  {
   System.out.println("1~5사이 정수를 입력하세요");
   q--;
   continue;
  }
  score[q-1]=n;
}
```

1에서 10까지 q값을 변경하면서 데이터 입력 절차를 반복하는 코드이다. 배열은 인덱스가 0부터 시작되므로 (q-1)을 배열 인덱스로 사용하였다.

사용자 입력점수가 1~5 사이의 값이 아니면 다시 실행하고 입력을 시도한다. q값을 다시 감소시키고 continue 문을 사용하여 뒤에 코드를 실행하지 않고 다시 입력하도록 하였다.

```
avg=0;
for(q=0;q<10;q++) avg+=score[q];
avg/=10;
System.out.println("입력점수 평균은 "+avg+" 입니다.");
```

각 점수의 합을 구하고 10으로 나누어 평균값을 구하고, 결과값을 출력하는 코드이다.

5 클래스와 객체 및 상속

5-1 객체지향 프로그래밍 개요

컴퓨터를 이용하여 데이터 분석 프로그램을 작성하기 위해서는 데이터를 준비하고 알고리즘(절차식 계산)을 수행한다. 절차식 프로그램은 이러한 데이터 정의와 알고리즘을 연속해서 서술하여 컴퓨터를 이용해 분석 작업을 수행하도록 설계하는 것이다. 그러나 복잡한 프로그램을 작성하는 경우에 절차식 프로그램은 비효율적이며 관리하기 어렵다. 그래서 최근에는 대부분의 프로그래밍 언어가 객체지향 프로그래밍(object-oriented programming) 방식을 사용하고 있다.

객체지향 방식은 데이터와 알고리즘을 하나의 그룹으로 묶어서 객체(object)로 정의하고, 이러한 객체를 가지고 다양한 프로그램을 제작하는 것이다. 객체지향 방식을 사용하면 프로그램 코드를 쉽게 관리하고, 다른 사람과 공유할 수 있다. 객체지향 방식이 발전함에 따라 컴퓨터 프로그램이 모듈화되어 비전문가라도 필요한 컴퓨터분석을 쉽게 구현할 수 있게 되었다. 즉 이제 객체 몇 개만 정의하면 간단하게 빅데이터 분석 프로그램을 제작할 수 있는 것이다. 이렇게 객체 단위로 구조화하여 작성하는 프로그래밍을 객체지향 프로그램이라고 한다.

클래스(class)는 이러한 객체에 대한 설계 명세서이다. 즉 객체가 데이터를 가지고 어떤 알고리즘을 수행하는지 서술한 것이다. 여기서 데이터는 속성(property)이라 하고 알고리즘은 메소드(method)라고 한다. 이러한 클래스가 실제 사용된 것이 객체이다. 예를 들어 기업에서 월급계산용 프로그램을 작성하려고 한다. 월급계산에 대한 데이터와 계산식을 정의하여 클래스로 제작하고, 구매부 직원용 월급계산 객체, 영업부 직원용 월급계산 객체 및 생산부 직원용 월급계산 객체를 만들어서 컴퓨터를 돌리면 기업의 월급계산이 완성되는 것이다.

5-2 클래스 선언 및 객체 생성

클래스를 설계하기 위해서는 아래와 같은 형식으로 선언할 수 있다. 주요 요소는 클래스 이름, 속성, 메소드를 정의하는 것이다. 접근지정자는 외부에서 해당 클래스 및 메소드 사용을 제한할 때 필요한 것으로, 일반적으로 공개 사용을 지정하는 public을 사용한다. 메소드인자는 해당 메소드를 호출할 때 전달할 수 있는 데이터를 의미한다.

```
클래스접근지정자 class 클래스이름
{
  속성형식 속성이름;
  메소드접근지정자 메소드반환값형식 메소드이름(메소드인자)
  {
    메소드 내용 서술;
  }
}
```

월급계산에 대한 클래스 예는 아래와 같다. 월급계산은 200만 원 + 근무연수*2만 원 + 부서보너스를 합한 금액이다.

```
public class Salary
{
  String name;          // 사원이름
  int service_years;  // 근무연수
  int group_bonus;  // 부서보너스
  public int getSalary()
  {
    return 200 + service_years*2 + group_bonus;
  }
}
```

이러한 클래스를 이용하여 실제 객체를 생성하기 위해서는 아래와 같은 형식으로 할 수 있다. 객체 생성은 new를 사용한다.

```
Salary worker = new Salary();
```

5-3 클래스 및 객체 관련 부가기능

1) 생성자

객체가 생성될 때 속성값 초기화를 목적으로 실행되는 메소드이다. 객체가 생성될 때 자동으로 실행되며 항상 클래스 이름과 동일하다. 생성자를 선언하지 않으면 내부적으로 자동 생성된다. 앞에서 사용한 Salary 클래스에서 객체가 생성될 때 사원이름을 초기화하려면 아래와 같은 생성자를 선언하고 실제 객체를 생성할 때 이름을 지정하면 된다.

```
class Salary
{
  String name;          // 사원이름
  public Salary(String n)
  {
    name=n;
  }
}
public class SalaryOutput
{
  public static void main(String[] args)
  {
    Salary worker=new Salary("홍길동");
  }
}
```

주요 코드에 대한 설명은 다음과 같다.

```
public Salary(String n)
{
  name=n;
}
```

최초 Salary 객체를 생성할 때 문자열 n을 받아서 속성값 name을 초기화한다.

```
Salary worker=new Salary("홍길동");
```

"홍길동"이라는 문자를 가지고 Salary 객체를 생성하고 객체 이름을 worker라고 한다.

2) 메소드 인자 전달

객체의 메소드를 호출할 때 특정 데이터를 전달하여 프로그램 수행 내용을 변경할 수 있다. 예를 들어 Salary 클래스에서 getSalary() 메소드를 호출할 때 여름휴가비 포함 사항을 전달하여 월급계산에 고려하고자 한다면 아래와 같이 설정한다.

```
class Salary
{
  String name;          // 사원이름
  int service_years;  // 근무연수
  int group_bonus;  // 부서보너스
  public int getSalary(bool bSummer)
  {
    if(bSummer==true)
      return 200 + service_years*2 + group_bonus + 40;
    else
      return 200 + service_years*2 + group_bonus;
  }
}
public class SalaryOutput
{
  public static void main(String[] args)
  {
```

```
    Salary sworker;
    sworker=new Salary();
    sworker.name="홍길동";
    sworker.service_years=10;
    sworker.group_bonus=20;
    System.out.println("급여는="+sworker.getSalary(true));
  }
}
```

주요 코드 설명은 다음과 같다.

```
public int getSalary(bool bSummer)
{
  if(bSummer==true)
    return 200 + service_years*2 + group_bonus + 40;
  else
    return 200 + service_years*2 + group_bonus;
}
```

getSalary() 메소드를 실행할 때 전달된 bSummer 값을 참고해서 값이 true이면 여름휴가비 40만 원을 포함시켜서 급여를 계산해준다.

```
System.out.println("급여는="+sworker.getSalary(true));
```

sworker 객체의 getSalary() 메소드를 호출한다. 인자값은 true를 전달한다. 결과적으로 여름휴가비가 포함된 급여가 출력된다.

3) 메소드 오버로딩(overloading)

한 클래스 내에서 동일 이름을 가진 2개 이상의 메소드를 작성할 수 있다. 이때는 반드시 매개변수의 개수 혹은 데이터 타입이 달라야 한다. 매개변수는 다르지만 동일한 기능을 하는 메소드인 경우 동일한 이름을 사용하여 구조를 단순하게 할 수 있다. 위 예제에서 초과시간근무비를 고려한 월급계산과 정규월급계산을 동시에 사용하고 싶은 경우 2개의 메소드를 선언할 수 있다. 사용자는 두 가지 메소드를 자유롭게 사용할 수 있다.

```
class Salary
{
  ...
  public int getSalary(int overtime)
  {
    // 초과근무비 포함 월급계산
  }
  public int getSalary()
  {
    // 정규월급
  }
}
public class SalaryOutput
{
  public static void main(String[] args)
  {
    Salary  sworker,pworker;
    sworker=new Salary();
    pworker=new Salary();
    sworker.getSalary(20);
    pworker.getSalary();
  }
}
```

주요 코드 설명은 다음과 같다.

```
public int getSalary(int overtime)
{
  // 초과근무비 포함 월급계산
}
public int getSalary()
{
  // 정규월급
}
```

getSalary() 메소드를 만들어라. 인자 값이 정수값으로 오면 초과근무비를 포함한 월급을 계산하고 없으면 정규월급만 계산한다.

```
sworker.getSalary(20);
```

sworker는 초과근무 20시간을 포함해서 급여를 계산하라.

4) static 키워드를 가진 속성 및 메소드

클래스를 이용하여 개체를 만들면 메모리상에 상주하게 되어 Java 프로그램에서 해당 개체의 속성 및 메소드를 사용할 수 있다. 동일한 클래스를 이용하여 다수의 개체를 생성할 수 있는데 속성 및 메소드에 static 키워드를 사용하면 클래스가 선언되면서 메모리에 상주하기 때문에 객체 생성 없이 해당 속성 및 메소드를 호출하여 사용할 수 있다. static으로 정의된 속성 및 메소드는 객체가 생성될 때마다 만들어지지 않고, 클래스가 선언될 때 한 번만 생성된다. static은 프로그램 내에서 공통으로 사용되는 전역변수 및 전역함수를 정의하기 위하여 사용된다. 다음은 면적 계산에 대한 함수들을 모아 전역함수로 사용한 예이다. main( ) 메소드를 보면 AreaCalcu 클래스의 사각형, 삼각형, 원의 면적을 구하는 메소드를 객체 생성 없이 바로 사용하는 것을 볼 수 있다.

```
class AreaCalcu
{
  static double PI =3.14;
  // 사각형 면적 구하기
  static public double getAreaRect(double width, double height)
  {
    return width*height;
  }
  // 삼각형 면적 구하기
  static public double getAreaTri(double width, double height)
  {
    return width*height/2;
  }
```

```
  // 원 면적 구하기
  static public double getAreaCircle(double radius)
  {
    return radius*radius*PI;
  }
}
public class AreaTest1
{
  public static void main(String[] args)
  {
    System.out.println(AreaCalcu.getAreaRect(2,6));
    System.out.println(AreaCalcu.getAreaTri(5,8));
    System.out.println(AreaCalcu.getAreaCircle(4.5));
  }
}
```

5) 클래스 상속(inheritance)

Java의 클래스는 부모 클래스의 속성과 메소드를 동일하게 물려받는 자식 클래스를 선언하여 사용할 수 있다. 이러한 방식은 코드 중복을 피하고, 클래스의 기능을 확장하는 효율적인 방법이다. 아래 코드는 사각형과 삼각형의 면적을 구하는 클래스를 확장하여 원의 면적을 구하는 클래스를 만든 것이다. 이때 AreaCalcu는 부모 클래스가 되고, AreaCalcu2는 자식 클래스가 된다. Area2Calcu2는 사각형 및 삼각형 클래스의 기능을 내부에 포함하게 된다.

```
class AreaCalcu
{
  // 사각형 면적 구하기
  public double getAreaRect(double width, double height)
  {
    return width*height;
  }
  // 삼각형 면적 구하기
  public double getAreaTri(double width, double height)
  {
    return width*height/2;
  }
}
```

```
class AreaCalcu2 extends AreaCalcu
{
  double PI =3.14;
  // 원 면적 구하기
  public double getAreaCircle(double radius)
  {
    return radius*radius*PI;
  }
}
public class AreaTest2
{
  public static void main(String[] args)
  {
    AreaCalcu2 object=new AreaCalcu2();
    System.out.println(object.getAreaRect(2,6));
    System.out.println(object.getAreaTri(5,8));
  }
}
```

위 코드에서 클래스 상속코드에 대한 설명은 아래와 같다.

```
class AreaCalcu2 extends AreaCalcu
{
 ...
 // 원 면적 구하기
 public double getAreaCircle(double radius)
 {
   ...
 }
}
```

AreaCalcu의 기능을 확장시켜서 AreaCalcu2라는 클래스를 만들고 위에 정의된 getAreaCircle( ) 기능을 더하라.

6) 메소드 오버라이딩(method overriding)

상속 개념에서 자식 클래스가 부모 클래스의 메소드를 재정의하는 것을 말한다. 일반적으로 부모 클래스에서 정의된 메소드의 기능 변경이 필요한 경우 이러한 방법을 사용하는데, 부모 메소드의 형태를 그대로 유지해야 한다. 아래는 데이터의 분석기능을 업데이트하여 자식 클래스에서 변형시킨 예이다. 원래 데이터 요약은 평균값을 출력하는 기능이었는데, 자식 클래스에서 최솟값, 최댓값을 출력해주는 기능으로 변경하였다. printSummary라는 메소드가 자식 클래스에서 재정의되었다.

```
class DataSummary
{
  public void printSummary(double x, double y, double z )
  {
    double mean=(x+y+z)/3;
    System.out.println("데이터 평균은 "+mean );
  }
}
class DataSummary2 extends DataSummary
{
  public void printSummary(double x, double y, double z )
  {
    double max=x, min=x;
    if(y > max ) max=y;
    if(z > max ) max=z;
    if(y < min ) min=y;
    if(z < min ) min=z;
    System.out.println("최댓값은 "+max+ ", 최솟값은 "+min);
  }
}
public class DataSummaryTest
{
  public static void main(String[] args)
  {
    DataSummary2 object=new DataSummary2();
    object.printSummary(4, 5, 7);
  }
}
```

위 코드에서 메소드 오버라이딩에 대한 설명은 아래와 같다.

```
class DataSummary2 extends DataSummary
{
  public void printSummary(double x, double y, double z )
  {
    ...
  }
}
```

DataSummary 기능을 확장시켜서 DataSummary2라는 클래스를 만들어라.
원래 있던 printSummary() 기능을 새로운 printSummary()로 재정의하라.

7) 패키지 사용

복잡한 컴퓨터 데이터 분석 프로그램은 결국 다양한 클래스로 설계되어 관리된다. 이러한 클래스를 관련 있는 것끼리 그룹화하여 묶어둔 것을 패키지라고 한다. 실제 컴파일된 클래스(*.class)들을 모아 하나의 패키지 파일로 제공한다.

5-4 월급계산 프로그램 예제

월급계산을 위한 클래스를 설계하고 직원별로 객체를 만들어 급여결과를 출력하는 프로그램을 작성해보자. 월급계산 로직은 아래와 같다.

200만 원 + 근무연수*2만 원 + 부서보너스

영업부서에서 일하는 홍길동(근무연수 10년)과 구매부서에 일하는 전우치(근무연수 5년)의 월급을 계산하여 출력한다. 영업부서 보너스는 20만 원, 구매부서 보너스는 18만 원이다.

1) Java 프로젝트 생성

- File > New > Java Project를 클릭 후 Project Name에 SalaryOutput이라고 입력하고 Finish 버튼을 누른다.
- Eclipse 화면 왼쪽 Package Explorer에서 src/main/java > New > Class 메뉴를 선택하고 public static new main(String[] args)을 체크한 상태에서 SalaryOutput 클래스를 생성한다. 이때 패키지 이름은 빈칸으로 둔다.

2) Salary 클래스와 main() 메소드 코드 입력하기

```
class Salary
{
  String name;          // 사원이름
  int service_years;  // 근무연수
  int group_bonus;  // 부서보너스
  public int getSalary()
  {
    return 200 + service_years*2 + group_bonus;
  }
}
public class SalaryOutput
{
  public static void main(String[] args)
  {
    Salary sworker=new Salary();
    sworker.name="홍길동";
    sworker.service_years=10;
    sworker.group_bonus=20;

    Salary pworker=new Salary();
    pworker.name="전우치";
    pworker.service_years=5;
    pworker.group_bonus=18;
```

```
        System.out.println(sworker.name+" 월급은 "
         +sworker.getSalary()+" 입니다. ");
        System.out.println(pworker.name+" 월급은 "
         +pworker.getSalary()+" 입니다. ");
    }
}
```

3) 프로그램 실행하기

프로그램 실행 버튼(왼쪽 위에 흰 삼각형이 그려진 녹색 버튼)을 누르면 Console 창에 다음과 같은 실행 결과가 출력된다.

```
홍길동 월급은 240 입니다.
전우치 월급은 228 입니다.
```

4) 코드 분석

```
Salary sworker=new Salary();
sworker.name="홍길동";
sworker.service_years=10;
sworker.group_bonus=20;

Salary pworker=new Salary();
pworker.name="전우치";
pworker.service_years=5;
pworker.group_bonus=18;
```

월급계산을 위한 sworker, pworker 개체를 만들고 객체의 속성값을 설정하는 코드이다.

```
System.out.println(sworker.name+" 월급은 "
  +sworker.getSalary()+" 입니다. ");
System.out.println(pworker.name+" 월급은 "
  +pworker.getSalary()+" 입니다. ");
```

Salary 개체의 getSalary() 메소드를 호출하여 계산된 월급을 출력하는 절차이다.

6 Java 패키지 활용

Java에는 기본적으로 많은 기능들이 패키지로 제공되어 사용자가 쉽게 원하는 기능을 구현할 수 있다. 그중에 많이 사용하는 기능은 수학함수(Math), 문자열을 다루는 기능(String, StringTokenizer), 집합을 다루는 컬렉션 기능(Vector, Map)이다.

일반적인 배열 저장소는 크기 및 위치가 고정되어 불편하지만 컬렉션은 가변 사이즈의 객체를 저장하는 기능을 제공한다. 객체의 삽입, 삭제, 위치 이동이 자유로운 특징을 가지고 있다. 대표적으로 사용되는 컬렉션 클래스는 Vector, HashMap 클래스이다. 이러한 컬렉션 클래스의 요소에 접근하기 위해 인덱스 기능을 제공하는 Iterator를 사용한다. Java에서 컬렉션 클래스를 사용하려면 java.util 패키지를 import해야 한다.

6-1 Math 클래스

다양한 수학연산을 포함하고 있다.

수학함수	설명
Math.random()	0과 1사이 난수를 발생시킴
Math.abs()	절댓값을 구함
Math.sqrt()	제곱근을 구함
Math.exp(n)	e의 n승을 구함
Math.round()	반올림한 정수를 구함

6-2 String 클래스

문자열을 저장하고 변경하는 다양한 기능을 제공한다. 기본 패키지에 포함되어 있으므로 별도의 import 문은 필요치 않다.

기능	설명
equals()	2개의 문자열을 비교하여 문자열이 같으면 true를 반환
trim()	문자열 앞뒤에 있는 공백 제거
contains(문자열)	지정된 문자열의 포함 여부
length()	문자열 길이
concat(String)	2개의 문자열을 연결하여 새로운 String 생성
replace(문자열A, 문자열B)	문자열A를 찾아서 문자열B로 변경
subString(시작 위치)	시작 위치에서 마지막까지 문자열을 가져옴

6-3 String과 StringTokenizer 예제

StringTokenizer는 String(문자열)을 특정 문자 기준으로 분리하는 기능을 제공한다. 특정 문자로는 주로 공백이나 콤마(,) 등을 사용한다. 다음은 콤마를 기준으로 CSV 형태의 데이터를 분리하는 예이다.

1) Java 프로젝트 생성

- File > New > Java Project를 클릭 후 Project Name에 StringTokenizerTest라고 입력하고 Finish 버튼을 누른다.
- Eclipse 화면 왼쪽 Package Explorer에서 src/main/java > New > Class 메뉴를 선택하고 public static new main(String[] args)을 체크한 상태에서 StringTokenizerTest 클래스를 생성한다. 이때 패키지 이름은 빈칸으로 둔다.

2) main() 메소드 코드 입력하기

```
import java.util.StringTokenizer;
public class StringTokenizerTest
{
  public static void main(String[] args)
  {
    String dataset = "c001, Kim, p002, 20, 20000, Seoul";
    StringTokenizer st = new StringTokenizer(dataset, ",");
    int n = st.countTokens(); // 총 데이터 필드 개수
    System.out.println("필드 개수 = " + n);
    while(st.hasMoreTokens())
    {
      String aField = st.nextToken(); // 필드 가져오기 얻기
      System.out.println(aField); // 필드 출력
    }
  }
}
```

3) 프로그램 실행하기

프로그램 실행 버튼(왼쪽 위에 흰 삼각형이 그려진 녹색 버튼)을 누르면 Console 창에 다음과 같은 실행 결과가 출력된다. 각 필드 값이 행으로 구분되어 출력된다.

```
c001
Kim
p002
20
20000
Seoul
```

4) 코드 분석

```
String dataset = "c001, Kim, p002, 20, 20000, Seoul";
StringTokenizer st = new StringTokenizer(dataset, ",");
```

dataset이라는 객체를 생성하고 문자열 데이터를 넣어준다.
위 문자열을 ","로 구분하는 StringTokenizer 객체를 생성한다.

```
int n = st.countTokens(); // 총 데이터 필드 개수
System.out.println("필드 개수 = " + n);
```

StringTokenizer 객체에서 분할된 전체 데이터 개수(보통 토큰이라고 말함)를 구하여 n에 저장하고 출력한다.

```
while(st.hasMoreTokens()) {
  String aField = st.nextToken(); // 필드 가져오기
  System.out.println(aField); // 필드 출력
}
```

StringTokenizer 객체에서 분할된 데이터를 하나씩 꺼내오는 메소드는 nextToken()을 이용한다. 현재 남은 토큰의 존재 여부는 hasMoreTokens()을 사용하여 알 수 있다. 위 코드에서 while 문을 사용하여 토큰이 존재하면 하나씩 꺼내서 출력하는 작업을 반복한다.

6-4 Vector 클래스 예제

삽입된 순서에 따라 위치가 결정되는 가변 배열의 역할을 한다. 중간에 삽입 및 삭제가 가능하다. Vector와 관련된 다양한 기능은 다음 표에 정리하였다.

메소드	설명
add(객체)	마지막에 객체를 삽입
add(위치, 객체)	특정 위치에 객체를 삽입
clear()	모든 객체를 삭제
contains(객체)	특정 개체 포함 여부를 확인하여 존재하면 true를 리턴하고 없으면 false를 리턴
get(위치)	특정 위치의 객체를 가져옴
remove(위치)	특정 위치의 객체를 삭제
size()	벡터에 포함된 객체 수

다음 예는 Vector를 이용하여 난수 5개를 삽입하고, 난수 5개를 화면에 출력하는 프로그램이다.

1) Java 프로젝트 생성

- File > New > Java Project를 클릭 후 Project Name에 VectorTest라고 입력하고 Finish 버튼을 누른다.
- Eclipse 화면 왼쪽 Package Explorer에서 src/main/java > New > Class 메뉴를 선택하고 public static new main(String[] args)을 체크한 상태에서 VectorTest 클래스를 생성한다. 이때 패키지 이름은 빈칸으로 둔다.

2) main() 메소드 코드 입력하기

```
import java.util.Vector;
public class VectorTest
{
  public static void main(String[] args)
  {
    int i;
    Vector<Double> v = new Vector<Double>();
    for(i=0 ; i<5 ; i++)  v.add(Math.random());

    for(i=0;  i<v.size() ; i++)
    {
      Double n = v.get(i);
      System.out.println(n);
    }
  }
}
```

3) 프로그램 실행하기

프로그램 실행 버튼(왼쪽 위에 흰 삼각형이 그려진 녹색 버튼)을 누르면 Console 창에 5개의 랜덤 실수값이 출력된다.

4) 코드 분석

```
Vector<Double> v = new Vector<Double>();
for(i=0 ; i<5 ; i++)  v.add(Math.random());
```

실수형 데이터(Double)를 보관할 수 있는 Vector 객체(v)를 생성한다.
Math 클래스의 랜덤 실수 생성 기능을 이용하여 5개의 랜덤 실수를 v에 하나씩 삽입한다.

```
for(i=0;  i<v.size() ; i++)
{
  Double n = v.get(i);
  System.out.println(n);
}
```

v에서 실수를 하나씩 꺼내서 출력한다.

6-5 HashMap 클래스 예제

HashMap은 키(key)와 값(value)의 쌍으로 이루어진 데이터셋을 저장하는 컬렉션이다. 값을 가져오기 위해서는 키를 알아야 한다. 필요한 데이터를 빠르게 검색할 수 있는 기능이 있다. HashMap과 관련된 다양한 기능은 다음 표에 정리하였다.

메소드	설명
put(키, 값)	키와 값 쌍을 HashMap에서 삽입
get(키)	해당 키에 관련된 값을 가져옴
clear()	모든 데이터 삭제
containsKey(키)	키 집합에 주어진 키 존재 여부를 확인
containsValue(값)	값 집합에 주어진 값 존재 여부를 확인
remove(키)	해당 키와 매칭되는 값을 모두 삭제
size()	HashMap에 포한된 요소수를 리턴

다음 예는 제품 코드(키)에 제품 특성(값)을 등록하여 키보드로 제품 코드를 입력하면 제품 특성을 출력해주는 프로그램이다.

1) Java 프로젝트 생성

- File > New > Java Project를 클릭 후 Project Name에 HashMapTest라고 입력하고 Finish 버튼을 누른다.
- Eclipse 화면 왼쪽 Package Explorer에서 src/main/java > New > Class 메뉴를 선택하고 public static new main(String[] args)을 체크한 상태에서 HashMapTest 클래스를 생성한다. 이때 패키지 이름은 빈칸으로 둔다.

2) main() 메소드 코드 입력하기

```
import java.util.HashMap;
import java.util.Scanner;
public class HashMapTest
{
  public static void main(String[] args)
  {
    HashMap<String,String> products=new HashMap<String,String>();
    products.put("PA01", "앞치마(라운드형)A01");
    products.put("PA02", "앞치마(라운드형)A02");
    products.put("PB01", "방석(사각)B01");
    products.put("PB02", "방석(사각)B02");

    Scanner s=new Scanner(System.in);
    System.out.print("제품 코드를 입력하세요: ");
    String code=s.next();
    String name=products.get(code);
    if(name==null)
      System.out.println("미확인 제품 코드입니다. 코드를 확인하세요. ");
    else
      System.out.println(name);
  }
}
```

3) 프로그램 실행하기

프로그램 실행 버튼(왼쪽 위에 흰 삼각형이 그려진 녹색 버튼)을 누르면 Console 창에 '제품 코드를 입력하세요'라는 메시지가 출력된다. 제품 코드를 입력하고 엔터 키를 누르면 이에 해당하는 제품 이름이 출력된다.

4) 코드 분석

```
HashMap<String,String> products=new HashMap<String,String>();
products.put("PA01", "앞치마(라운드형)A01");
products.put("PA02", "앞치마(라운드형)A02");
products.put("PB01", "방석(사각)B01");
products.put("PB02", "방석(사각)B02");
```

키(제품 코드), 값(제품 이름)이 문자인 HashMap 객체 products를 생성한다.
제품 코드와 제품 이름 4개를 등록한다.

```
Scanner s=new Scanner(System.in);
System.out.print("제품 코드를 입력하세요: ");
String code=s.next();
```

키보드로 문자를 입력받기 위해 s 객체를 생성한다. 그리고 키보드로부터 제품 코드를 입력받는다.
s.next()가 문자를 입력받는 기능이다.

```
String name=products.get(code);
if(name==null)
  System.out.println("미확인 제품 코드입니다. 코드를 확인하세요. ");
else
  System.out.println(name);
```

HashMap에서 제품 이름(name)을 가져와서 출력한다. 제품 이름이 없으면 에러 메시지를 출력한다.

6-6 Iterator 클래스 예제

Iterator 클래스는 컬렉션의 내용을 순차적으로 검색할 수 있도록 하는 일종의 인덱스 기능을 한다. 다음은 HashMap에 존재하는 키 집합 내용을 순차적으로 출력해주는 예제이다.

1) Java 프로젝트 생성

– File > New > Java Project를 클릭 후 Project Name에 IteratorTest라고 입력하고 Finish 버튼을 누른다.
– Eclipse 화면 왼쪽 Package Explorer에서 src/main/java > New > Class 메뉴를 선택하고 public static new main(String[] args)을 체크한 상태에서 IteratorTest 클래스를 생성한다. 이때 패키지 이름은 빈칸으로 둔다.

2) main() 메소드 코드 입력하기

```
import java.util.HashMap;
import java.util.Iterator;
import java.util.Set;
public class IteratorTest
{
 public static void main(String[] args)
 {
  HashMap<String,String> products=new HashMap<String,String>();
  products.put("PA01", "앞치마(라운드형)A01");
  products.put("PA02", "앞치마(라운드형)A02");
  products.put("PB01", "방석(사각)B01");
  products.put("PB02", "방석(사각)B02");

  Set<String> keys=products.keySet();
  Iterator<String> it=keys.iterator();
  while(it.hasNext())
  {
```

```
    String key=it.next();
    System.out.println(key);
   }
  }
}
```

3) 프로그램 실행하기

프로그램 실행 버튼(왼쪽 위에 흰 삼각형이 그려진 녹색 버튼)을 누르면 Console 창에 제품 코드 4개가 아래와 같이 출력된다.

```
PA01
PA02
PB01
PB02
```

4) 코드 분석

```
Set<String> keys=products.keySet();
```

products 집합에서 키 값만 모두 가져와서 keys라는 곳에 저장한다. Set 객체는 중복이 제외된 집합을 저장하는 기능을 제공한다.

```
Iterator<String> it=keys.iterator();
```

keys 집합 요소를 하나씩 지칭하는 인덱스 it를 생성한다.

```
while(it.hasNext())
{
  String key=it.next();
  System.out.println(key);
}
```

it를 이용해서 키 값을 꺼내오는 작업은 it.next() 메소드를 사용한다. 모두 꺼내고 나면 it.hasNext()는 false를 리턴한다. 그러므로 while 문을 이용해서 모든 키 값 꺼내기를 반복 수행한다.

빅데이터 분석을 위해 데이터를 컴퓨터에 저장하고 필요한 경우 다시 불러와서 분석하는 경우가 많다. 비정형화된 데이터는 주로 컴퓨터 파일을 이용해 저장하며, 정형화된 기업 데이터는 데이터베이스에 저장하기도 한다. chapter 4에서는 Java를 이용하여 파일 및 데이터베이스에 데이터를 저장하고 불러오는 방법들을 소개한다.

chapter

4

Java를 이용한 데이터 입출력

데이터 분석을 위해서는 분석의 재료가 되는 데이터를 가져오는 것이 필수다. 또한 분석 결과도 데이터로 생성되므로 특정 장소에 저장해야 한다. 작은 데이터인 경우 컴퓨터 파일 시스템(file system)을 이용하고, 기업정보 시스템과 같이 규격화된 대형 데이터의 경우에는 주로 데이터베이스 시스템(database system)을 이용한다. 빅데이터 분석이 대두되면서 초대형 데이터를 여러 컴퓨터 시스템에 나누어 저장하는 분산파일 시스템(distributed file system)도 사용되고 있다. Java로 이러한 다양한 데이터 입출력 관련 도구들이 개발되어 배포되고 있으며, 이 도구들의 사용법을 익혀서 다양한 데이터 입출력을 구현할 수 있다.

1 파일 입출력

파일 입출력은 간단하게 데이터를 저장하고 불러오는 기능을 제공한다. 주로 개인적인 용도의 데이터를 관리하기 위해 사용된다. 사용법은 간단하지만 데이터 관리 측면에서는 비효율적일 수 있다. 일반적인 데이터 분석용으로 사용될 수 있다.

컴퓨터 파일은 사람이 쉽게 인식할 수 있는 텍스트(text) 파일과 컴퓨터 전용 이진 파일로 구분된다. 데이터 분석 분야에서는 사람이 읽기 쉬운 텍스트 파일을 주로 사용한다. Java에서 파일 입출력을 사용하려면 java.io 패키지를 import해야 한다.

1-1 텍스트 형태의 파일 입력

Java에서 파일을 입력하기 위해서는 FileReader라는 클래스를 사용하며, 데이터를 텍스트 형태로 읽어 들이기 위해 BufferedReader를 사용한다. 처음에 아래와 같은 코드를 사용하여 파일 입력 개체를 생성한다.

```
BufferedReader in = new BufferedReader(new FileReader("sales.csv"));
```

개체가 생성되면 주로 라인 단위로 데이터를 읽는데, 읽어 들인 라인 데이터를 임시 저장할 문자열 변수를 선언하고 아래 코드와 같이 한 줄씩 텍스트 데이터를 읽어 들일 수 있다.

```
String aline;
aline=in.readLine();
```

읽기를 다하면 파일에 대한 핸들을 컴퓨터 시스템에 돌려주기 위하여 꼭 아래와 같은 종료문을 실행하여야 한다.

```
in.close();
```

1-2 텍스트 형태의 파일 출력

Java에서 파일 출력을 위해서는 FileOutputStream 클래스를 사용하며, 데이터를 텍스트 형태로 쓰기 위해서 OutputStreamWriter를 사용한다. 처음에 아래와 같은 코드를 사용하여 파일 출력 개체를 생성한다.

```
OutputStreamWriter out=new OutputStreamWriter(new
FileOutputStream("customer_sales.csv"));
```

라인 단위로 데이터를 쓰기위한 write 문의 사용법은 아래와 같다.

```
write(저장할 문자열);
```

예를 들어 고객번호와 총 구입액을 저장하기 위해서는 아래 코드를 사용한다.

```
String writeline=customerid+","+amount+" \r \n";
out.write(writeline);
```

마찬가지로, 쓰기를 다하면 파일에 대한 핸들을 컴퓨터 시스템에 돌려주기 위해 꼭 아래와 같은 종료문을 실행한다.

```
out.close();
```

1-3 파일 데이터를 이용한 매출분석 예제

매출 데이터를 읽어서 고객별 총 구입액을 분석하여 파일에 출력하는 예제이다. sales.csv 파일에는 아래와 같은 데이터가 저장되어 있다. 데이터 순서는 "고객 이름-매출 날짜-구입액"이다.

```
홍길동, 2012-01-13, 30000
전우치, 2012-02-13, 45000
전우치, 2012-02-28, 25000
홍길동, 2012-03-27, 47000
임꺽정, 2012-06-14, 40000
홍길동, 2012-07-27, 60000
```

위 데이터를 읽어서 고객별 총 구입액을 구하고 그 결과를 저장하는 프로그램 코드는 다음과 같다.

1) Java 프로젝트 생성

- File > New > Java Project를 클릭 후 Project Name에 FileDataTest라고 입력하고 Finish 버튼을 누른다.
- Eclipse 화면 왼쪽 Package Explorer에서 src/main/java > New > Class 메뉴를 선택하고 public static new main(String[] args)을 체크한 상태에서 FileDataTest 클래스를 생성한다. 이때 패키지 이름은 빈칸으로 둔다.

2) main() 메소드 코드 입력하기

```
import java.io.*;
import java.util.*;
public class FileDataTest
{
 public static void main(String[] args) throws Exception
 {
  BufferedReader sales = new BufferedReader(new FileReader("sales.csv"));
  HashMap<String,Integer> customer_sales=new HashMap<String,Integer>();
  String saleinfo;
  do
  {
   saleinfo=sales.readLine();
   StringTokenizer st= new StringTokenizer(saleinfo,",");
   while(st.hasMoreTokens())
   {
    String name=st.nextToken();
    String date=st.nextToken();
    String amount=st.nextToken();
    int sale_amount=Integer.parseInt(amount.trim());
    if(customer_sales.get(name)==null)
       customer_sales.put(name, sale_amount);
    else
       customer_sales.put(name, customer_sales.get(name)+sale_amount);
   }
```

```
    } while(saleinfo!=null);
    OutputStreamWriter out
      =new OutputStreamWriter(
          new FileOutputStream("customer_sales.csv"));
    Iterator<String> it=customer_sales.keySet().iterator();
    while(it.hasNext())
    {
      String name=it.next();
      Integer amount=customer_sales.get(name);
      String writeline=name+","+amount+"\r\n";
      out.write(writeline);
    }
    sales.close();
    out.close();
  }
}
```

3) 프로그램 실행하기

sales.csv 파일을 준비하고(일반적으로 eclipse 초기 폴더는 "내PC\문서" 폴더이므로 데이터 파일을 이곳에 생성한다.) 프로그램 실행 버튼(왼쪽 위에 흰 삼각형이 그려진 녹색 버튼)을 누르면 데이터 파일을 읽고 분석 후 결과 파일을 customer_sales.txt에 저장한다.

4) 코드 분석

```
import java.io.*;
import java.util.*;
public class FileDataTest
{
  public static void main(String[] args) throws Exception
  {
  ...
  }
}
```

파일 입출력에 필요한 패키지 java.io와 컬렉션에 필요한 java.util 패키지를 import한다. "*" 표시는 패키지에 포함된 모든 클래스를 사용한다는 의미이다. 파일 입출력에서는 예외처리를 해주어야 하기 때문에 "throws Exception"을 사용하였다.

```
BufferedReader sales = new BufferedReader(new FileReader("sales.csv"));
HashMap<String,Integer> customer_sales=new HashMap<String,Integer>();
String saleinfo;
```

파일을 읽어오기 위한 sales 객체를 생성한다. 또한 고객별 매출액을 저장하는 HashMap 형태의 customer_sales 객체를 생성한다. saleinfo는 파일에서 한 줄씩 읽어오는 데이터를 임시 저장하는 문자 객체이다.

```
do
{
  saleinfo=sales.readLine();
  StringTokenizer st= new StringTokenizer(saleinfo,",");
  while(st.hasMoreTokens())
  {
    String name=st.nextToken();
    String date=st.nextToken();
    String amount=st.nextToken();
    ...
  }
} while(saleinfo!=null);
```

파일에서 반복하여 한 줄씩 읽어서 문자를 ","로 나누고 고객 이름, 날짜, 구입액을 추출한다. 마지막 줄에서 데이터를 읽으면 saleinfo가 null이 되므로 while 문이 종료된다.

```
int sale_amount=Integer.parseInt(amount.trim());
if(customer_sales.get(name)==null)
  customer_sales.put(name, sale_amount);
else
  customer_sales.put(name, customer_sales.get(name)+sale_amount);
```

파일에서 읽은 amount는 문자이므로 숫자로 변환한다.
고객별 구입액을 정리한 customer_sales에 고객 이름이 없으면 아래와 같이 이름과 구입액을 등록한다.

```
customer_sales.put(name, sale_amount)
```

고객 이름이 있으면 구입액을 총 구입액에 더한다.

```
customer_sales.put(name, customer_sales.get(name)+sale_amount);
```

```
OutputStreamWriter out = new OutputStreamWriter(
  new FileOutputStream("customer_sales.csv") );
Iterator<String> it=customer_sales.keySet().iterator();
```

결과 파일을 저장할 객체를 생성하고, 고객별 총 구입액에서 고객 이름을 인덱싱하는 it를 만든다.

```
while(it.hasNext())
{
  String name=it.next();
  Integer amount=customer_sales.get(name);
  String writeline=name+","+amount+"\r\n";
  out.write(writeline);
}
```

it를 이용해서 반복적으로 고객별 총 구입액을 꺼내오고 각 줄에 고객 이름, 총 구입액을 파일로 출력한다.

```
sales.close();
out.close();
```

파일 입력 및 출력을 종료한다.

❷ 데이터베이스 입출력

2-1 데이터베이스 개요

데이터베이스(database)는 테이블(table)이라고 하는 정형화된 형태로 데이터를 정의하고 관리하는 방식이다. 테이블은 행과 열로 구성되는데, 행은 하나의 데이터 개체를 의미하고 열은 개체의 속성값(필드)을 의미한다. 아래 그림처럼 학생 테이블은 각 학생을 4개의 필드로 표현하였다.

학번	이름	학년	학과
1700101	홍길동	3	산업경영공학과
1700102	전우치	2	산업경영공학과
1700103	임꺽정	1	컴퓨터소프트웨어학과

데이터베이스는 전체 데이터 구조를 여러 개의 테이블로 설계하여 관리한다. 일반적인 기업정보 시스템의 데이터 구조는 데이터베이스 형태로 관리된다. 이러한 데이터베이스를 정의하고 사용할 수 있는 다양한 소프트웨어 제품이 존재하는데 Oracle, MS SQL Server, MySQL, MS Access 등을 DBMS(DataBase Management System)라고 한다.

아래 그림은 MS Access로 생성된 쇼핑몰 기업의 판매 관련 데이터 구조 예를 보여준다.

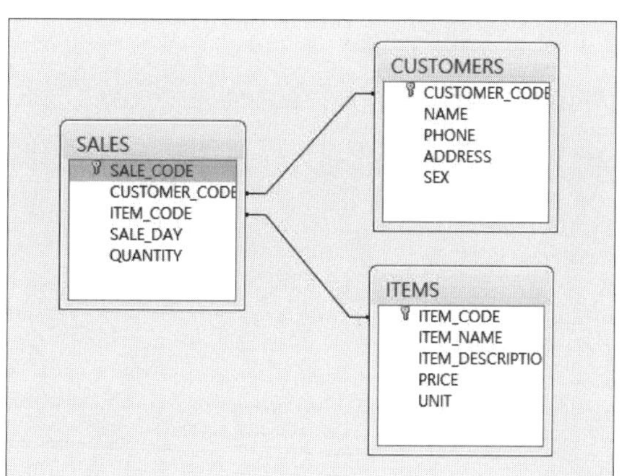

열쇠 아이콘으로 표시된 필드는 주키(primary key) 필드라고 하며 행을 대표하는 필드이다. 주로 다른 테이블과 관계를 만들어주는 역할을 한다. 이러한 형태의 데이터베이스를 관계형 데이터베이스(relational database)라고 한다. 현재 데이터베이스는 모두 관계형 데이터베이스 형식을 사용한다.

위 데이터베이스 예에서 상품 판매가 발생되면 SALSE 테이블에 새로운 레코드가 생성된다. 이때 상품정보와 고객정보는 단순히 코드 하나로 저장되고 자세한 상품 및 고객정보는 CUSTOMERS와 ITEMS 테이블을 참조하여 알 수 있다. 이러한 테이블 구조는 중복 데이터를 제거하여 데이터 양을 줄이고 잘못된 데이터가 입력되는 것을 방지하는 장점이 있다.

2-2 SQL

데이터베이스를 사용하면 주로 데이터를 조회하고 추가 및 변경하는 작업을 하게 된다. 이러한 작업을 쉽게 표현할 수 있도록 만들어진 명령어 모음을 SQL(Structured Query Language)이라고 한다.

1) DDL(Data Definition Language)

데이터베이스 테이블을 생성(create)하거나 삭제(drop) 혹은 변경(alter)할 때 사용하는 명령문이다.

2) DML(Data Manipulation Language)

데이터베이스 레코드의 삽입, 삭제, 조회 및 수정을 처리하는 명령문이다. 데이터 분석을 하는 경우 주로 사용되는 명령문으로 대표적인 사용 방법은 아래 표와 같다.

명령문	설명
INSERT	특정 테이블에 레코드를 삽입하는 작업 수행 예) INSERT INTO ITEMS (ITEM_CODE, ITEM_NAME, ITEM_DESCRIPTION, PRICE, UNIT) VALUES("P001","종이컵","종이컵",1000,"BOX")
DELETE	조건에 부합되는 레코드 삭제 예) DELETE FROM ITEMS WHERE ITEM_CODE="P001"
UPDATE	특정 레코드의 수정 예) UPDATE ITEMS SET ITEM_NAME="머그컵" WHERE ITEM_CODE="P001"
SELECT	조건을 만족하는 데이터를 조회 예) SELECT * FROM ITEMS WHERE UNIT="BOX"

2-3 JDBC

JDBC(Java Data Base Connectivity)는 Java에서 데이터베이스에 연결하여 데이터를 조회 및 수정할 수 있게 해주는 도구이다. JDBC는 각 데이터베이스마다 따로 JDBC 도구를 설치해주어야 한다. MS Access JDBC를 이용한 프로그래밍 절차는 아래와 같은 순서로 진행된다.

1단계: Access 데이터베이스를 사용하게 해주는 JDBC 관련 jar 파일을 다운로드한다. http://ucanaccess.sourceforge.net/site.html 사이트에서 UCanAccess를 다운로드하고 압축을 풀면 5개의 jar 파일을 확인할 수 있다.

2단계: Java 프로젝트를 선택, 마우스 오른쪽 버튼을 누르고 Build Path > Configure Build Path를 눌러 java project에 위 jar 파일을 연결해준다.

3단계: 사용할 데이터베이스 제품의 JDBC 드라이버를 메모리에 로딩하는 작업을 수행한다. 아래와 같은 Java 코드를 사용한다.

```
Connection c =
DriverManager.getConnection("jdbc:ucanaccess://F:/mallsales.accdb");
```

getConnection 내부의 url은 "jdbc:ucanaccess:파일 위치" 형식으로 작성한다.

4단계: 해당 데이터베이스와 접속된 연결 개체를 생성하고, 필요한 SQL 문을 실행한다. 실행 결과는 ResultSet 개체로 받아온다.

```
Statement s = c.createStatement();
ResultSet rs = s.executeQuery("select * FROM items");
```

2-4 MS Access와 Java JDBC 예제

쇼핑몰의 판매 데이터를 관리하는 데이터베이스를 만들고 고객별 매출액 분석을 Java로 만들어보자.

mallsales 데이터베이스를 생성하고 아래와 같은 데이터를 입력한다.

CUSTOMERS 테이블 설계

CUSTOMERS

필드 이름	데이터 형식
CUSTOMER_CODE	텍스트
NAME	텍스트
PHONE	텍스트
ADDRESS	텍스트
SEX	텍스트

CUSTOMERS 데이터 입력

CUSTOMERS

CUSTOMEI	NAME	PHONE	ADDRESS	SEX
C001	홍길동	010-154-124!	서울	남
C002	전우치	010-154-124(	대전	여
C003	임꺽정	010-154-1247	대구	남
C004	장길산	010-154-124!	철원	여
C005	김철수	010-154-124!	청주	남
C006	김돌쇠	010-154-125(	부산	여
C007	일지매	010-154-1251	광주	남

ITEMS 테이블 설계

ITEMS

필드 이름	데이터 형식
ITEM_CODE	텍스트
ITEM_NAME	텍스트
ITEM_DESCRIPTION	텍스트
PRICE	숫자
UNIT	텍스트

ITEMS 데이터 입력

ITEMS

ITEM_COD	ITEM_NAM	ITEM_DESC	PRICE	UNIT
P001	종이컵	종이컵	1000	BOX
P002	커피믹스	커피믹스	1010	SET
P003	복사용지	복사용지	1020	ITEM
P004	볼펜	볼펜	1030	KG
P005	지우개	지우개	1040	BOX
P006	연필	연필	1050	SET
P007	잉크	잉크	1060	ITEM
P008	파일대	파일대	1070	KG
P009	파일중	파일중	1080	BOX
P010	파일소	파일소	1090	SET

SALES 테이블 설계

SALES

필드 이름	데이터 형식
SALE_CODE	텍스트
CUSTOMER_CODE	텍스트
ITEM_CODE	텍스트
SALE_DAY	날짜/시간
QUANTITY	숫자
TOTAL_PRICE	숫자

SALES 데이터 입력

SALES

SALE_COD	CUSTOMEI	ITEM_COD	SALE_DAY	QUANTITY	TOTAL_PRI
S001	C001	P001	2017-06-21	1	1000
S002	C002	P002	2017-06-22	2	2020
S003	C003	P001	2017-06-23	3	3000
S004	C004	P002	2017-06-24	4	4040
S005	C005	P003	2017-06-25	5	5100
S006	C004	P004	2017-06-26	6	6180
S007	C005	P003	2017-06-27	7	7140
S008	C006	P004	2017-06-28	8	8240
S009	C007	P005	2017-06-29	9	9360
S010	C008	P006	2017-06-30	10	10500

데이터베이스 sales 테이블에서 고객별 총 판매액을 구하려면 아래와 같은 SQL 문을 사용한다.

```
select customer_code, sum(total_price)
FROM sales group by customer_code
```

이러한 SQL 문을 실행하고 그 결과를 받아오는 Java 프로그램을 다음과 같이 작성해 본다.

1) Java 프로젝트 생성

- File > New > Java Project를 클릭 후 Project Name에 JDBCTEST라고 입력하고 Finish 버튼을 누른다.
- Eclipse 화면 왼쪽 Package Explorer에서 src/main/java > New > Class 메뉴를 선택하고 public static new main(String[] args)을 체크한 상태에서 JDBCTEST 클래스를 생성한다. 이때 패키지 이름은 빈칸으로 둔다.
- UCanAccess *.jar 파일을 project 폴더에 복사한다.
- Add External JARs 버튼을 눌러 UCanAccess*jar 파일을 등록한다.

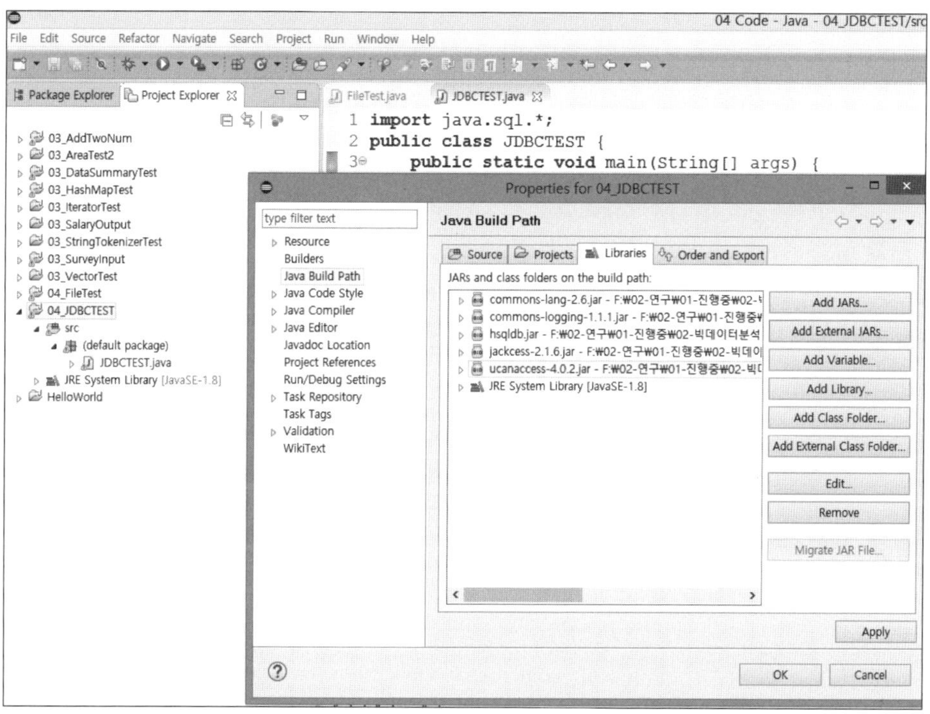

2) main() 메소드 코드 입력

```
import java.sql.*;
public class JDBCTEST
{
  public static void main(String[] args) throws Exception
  {
    String dbname="jdbc:ucanaccess://F:/mallsales.accdb";
    Connection c = DriverManager.getConnection(dbname);
    Statement s = c.createStatement();
    String query = "select customer_code, sum(total_price)
                from sales group by customer_code"
    ResultSet rs = s.executeQuery(query);
    System.out.println("customer_code,총구매액");
    while ( rs.next( ) )
    {
      System.out.print(rs.getString(1)+",");
      System.out.println(rs.getString(2));
    }
    c.close();
    s.close();
  }
}
```

3) 프로그램 실행

프로그램 실행 버튼(왼쪽 위에 흰 삼각형이 그려진 녹색 버튼)을 누르면 Console 창에 고객별 구입금액이 출력된다.

4) 코드 분석

```
import java.sql.*;
public class JDBCTEST
{
  public static void main(String[] args) throws Exception
  {
  ...
  }
}
```

데이터베이스 관련 기능을 사용하기 위해서 java.sql 패키지를 import한다. Java에서 데이터베이스를 사용하는 경우 Exception 예외처리를 해야 한다.

```
String dbname="jdbc:ucanaccess://F:/mallsales.accdb";
Connection c = DriverManager.getConnection(dbname);
```

ms access 파일 위치를 지정하고 데이터베이스 연결을 담당하는 객체 c를 생성한다.

```
Statement s = c.createStatement();
String query = "select customer_code, sum(total_price)
                from sales group by customer_code"
```

데이터베이스 조회 실행을 담당하는 객체 s를 생성하고, 조회 문장을 준비한다.

```
ResultSet rs = s.executeQuery(query);
```

데이터베이스 조회를 실행하고 결과를 rs 객체로 받는다.

```
while ( rs.next( ) )
{
 System.out.print(rs.getString(1)+",");
 System.out.println(rs.getString(2));
}
```

데이터베이스 조회 결과는 다수의 행으로 되어 있으며, 행을 이동하는 것은 rs.next()로 처리할 수 있다. 각각의 행은 다수의 필드로 나누어지고 첫 번째 필드는 rs.getString(1)로 가져오며, 두 번째 필드는 rs.getString(2)로 가져온다.

위에서 사용한 SQL 문은 조회를 위한 select 문을 사용하였다. 조회 결과가 있는 SQL 문을 사용하는 경우는 Statement 클래스의 executeQuery( ) 메소드를 사용하지만 레코드 삽입, 수정 및 삭제 쿼리를 사용하는 경우는 executeUpdate( ) 메소드를 사용한다. 다음은 레코드 삽입 및 삭제 예제이다.

```
String sql="insert into sales (sale_code,customer_code,item_code,sale_
day,qty,total_price) values
(\'S004\',\'C001\',\'P001\',#2018-06-04#,10,2000)";
int r=s.executeUpdate(sql);
System.out.print(r+"개 행이 삽입 되었습니다");
```

매출 테이블(sales)에 새로운 레코드를 삽입하는 코드이다. 문자형 필드 값을 입력하기 위해 "'" 기호를 사용해야 하는데 이러한 특수문자를 사용할 때는 앞에 "\" 문자를 붙여주어야 한다.

```
String sql="delete from sales where sale_code=\'S004\'";
System.out.println(sql);
int r=s.executeUpdate(sql);
System.out.print(r+"개 행이 삭제되었습니다");
```

기존 레코드에서 sale_code가 "S004"인 행을 삭제하는 코드이다.

빅데이터의 세 가지 특징은 비정형성, 대용량, 빠른 생성속도로 요약된다. 이러한 특성을 가진 데이터는 모두 빅데이터라고 할 수 있다. 빅데이터 중에 가장 많이 사용되면서 가장 영향력 있는 것은 웹데이터이다. chapter 5에서는 이러한 웹데이터의 특징과 수집방법을 소개한다. 또한 기업과 공공기관에서 공공의 목적으로 제공하는 SNS 데이터 및 공공데이터 수집방법도 소개한다.

chapter

5

Java를 이용한 빅데이터 수집

1 웹데이터 수집

1-1 HTML 개요

인터넷 브라우저를 통해 우리가 접하는 문서는 텍스트 외에 다양한 멀티미디어와 외부 사이트 문서를 연결해주는 링크(link)를 가지고 있다. 이를 텍스트를 넘어선다는 뜻의 하이퍼텍스트(hypertext)라고 한다. 이러한 웹문서 언어 체계를 HTML(Hyper Text Markup Language)이라고 하는데, 컴퓨터가 이해할 수 있도록 표시된 다양한 태그(tag)를 담고 있다. 태그는 다음과 같은 형식으로 <여는 태그> </닫는 태그>로 표시한다.

```
<태그이름> 표시되는 내용 </태그이름>
```

1) p 태그

HTML에서 가장 많이 쓰는 태그는 문단을 나타내는 <p> 태그인데 여는 태그는 <p>이고 닫는 태그는 </p>이다. 우리가 보는 내용은 <p>와 </p> 사이에 위치한다.

```
<p lang="kr"> 안녕하세요. 빅데이터 분석 프로그래밍 </p>
<p lang="kr"> 세계에 오신 걸 환영합니다. </p>
```

태그 사이에는 속성과 속성값이 올 수 있는데, 위 예에서 lang는 속성이고 kr은 속성값이다.

2) a 태그

HTML에서 가장 중요한 태그는 링크를 알려주는 <a> </a> 태그이다. 컴퓨터는 <a> 태그를 만나면 다른 텍스트로 건너뛸 준비를 한다. 그래서 <a> 태그에는 반드시 건너뛸 장소를 알려주어야 한다. 그것이 바로 href(hypertext reference) 속성이다. 아래 예와 같이 인터넷 주소를 따옴표 안에 적고, 화면에 표시될 텍스트를 적는다. 브라우저에서 이 글자를 클릭하면 앞에 적은 인터넷 주소로 건너뛰게 된다.

```
<a href="http://www.naver.com"> 네이버 사이트로 이동 !</a>
```

3) h1, h2 태그

보통 제목을 표현할 때 사용하는 태그로 굵은 글씨체로 표시된다.

```
<h1> 제목    </h1>
<h2> 소제목  </h2>
```

4) image 태그

이미지를 표시할 때 사용하는 태그로, 닫는 태그가 따로 없다. alt 속성은 이미지가 표시되지 않을 때 출력되는 텍스트를 지정한다.

```
<img src="그림.jpg" alt="그림파일"/>
```

5) div 태그

division 클래스라고 하며 하나의 그룹을 정의하기 위해 사용한다. 보통 웹사이트의 여러 섹션(section)은 이러한 div 태그로 분리되어 있다.

```
<div id="main frame">
   <div id="section1">
      <p> 섹션1 내용이 여기 위치 </p>
   </div>

   <div id="section2">
      <p> 섹션2 내용이 여기 위치 </p>
   </div>
</div>

<div id="bottom frame">
   <p> 아래쪽 프레임 내용이 여기 위치 </p>
</div>
```

위 예를 보면 main frame과 bottom frame 그룹이 정의되었고, main frame 내에 section1과 section2 프레임이 포함되어 있는 구조를 정의하고 있다.

6) style 태그

CSS(Cascading Style Sheets)를 사용하게 해주는 태그이며, CSS는 웹문서의 스타일을 지정하는 시트이다.

```
<style>
 div.box1 {font-size:40px}
 div.color1 {color:red}
</style>
```

위 예에서 box1은 글씨크기가 40인 속성을 나타내고, color1은 글씨색이 적색이라는 속성을 나타낸다.

7) id와 class 속성

id, class 속성은 태그에 이름을 지정할 때 사용한다. id는 중복해서 사용할 수 없는 고유한 이름을 사용할 수 있으며, class 속성은 중복된 이름을 사용할 수 있다. id는 태그 식별자로 사용되며, class는 태그의 종류 및 표시속성을 지정할 때 사용된다.

```
<div class="box1" id="main frame">
   <div id="section1">
      <p> 섹션1 내용이 여기 위치 </p>
   </div>

   <div id="section2">
      <p> 섹션2 내용이 여기 위치 </p>
   </div>
</div>
```

```
<div class="color1" id="bottom frame">
   <p> 아래쪽 프레임 내용이 여기 위치 </p>
</div>

<style>
 div.box1 {font-size:40px}
 div.color1 {color:red}
</style>
```

1-2 웹크롤링 개요

웹브라우저는 웹서버에 접속해서 html 파일을 다운로드한 후에 사용자가 보기 쉽도록 해석해서 화면에 보여주는 역할을 한다. 실제 이러한 과정은 웹서버와 웹브라우저 간의 인터넷 통신으로 이루어진다. 통신 방식은 HTTP라는 규약에 따라 다음과 같은 절차로 이루어진다.

1단계: 웹서버가 실행되면 외부 클라이언트(사용자 웹브라우저)의 요청을 기다린다.
2단계: 사용자가 웹브라우저에 특정 인터넷 주소(예: www.chosun.com)를 입력하고 웹서버에 접속한다.
3단계: 웹서버는 외부 클라이언트가 요청한 인터넷 주소에 따라 사전에 미리 설정된 HTML 파일을 외부 클라이언트에게 보내준다.
4단계: 웹브라우저는 다운로드받은 HTML을 해석해서 사용자 화면에 보여준다.

이 같은 방법으로 우리는 인터넷을 통해 다양한 정보를 수집할 수 있는데, 이 작업을 컴퓨터가 자동으로 수행하게 하는 것을 웹크롤링(web crawling)이라고 한다. 예를 들어 조선일보 사이트에서 특정 검색어를 입력하고 관련된 기사 본문을 수집하거나 쇼핑몰에서 상품정보를 수집하는 작업을 컴퓨터에게 맡길 수 있다. 웹크롤링을 실행하기 위해서는 다음과 같은 몇 가지 중요한 작업이 필요하다.

• 웹서버에 접속하여 웹사이트 소스파일(*.html)을 다운로드한다.
• 소스파일의 구조를 파악하여 수집하려는 내용을 추출한다.
• 수집된 자료를 정리하여 파일 혹은 데이터베이스에 저장한다.

이러한 작업을 수행할 수 있도록 개발되어 있는 Java 도구들을 활용하면 어렵지 않게 웹으로부터 빅데이터를 수집할 수 있다.

1) 웹사이트에서 html 소스 받아오기

웹서버에 접속해서 html 파일을 다운로드받기 위해서는 Apache에서 배포하는 HttpClient 도구를 사용할 수 있다. 다운로드 사이트는 다음과 같다.

https://hc.apache.org/downloads.cgi

zip 파일을 다운로드하고 압축을 풀고 생성되는 lib 폴더에서 다음과 같은 jar 파일이 필요하다. * 표시는 버전번호를 의미한다.

httpclient-*.*.*.jar
httpcore-*.*.*.jar
commons-logging-*.*.*.jar

최초 Java 프로젝트를 만들고 위 파일을 다운로드 하여 project 폴더에 복사한다. 프로젝트 이름을 선택하고 우클릭하여 Build Path > Configure Build Path > Libraries 탭을 선택한다. Add External JARs를 클릭하여 위의 3개 jar 파일을 지정한다. 특정 웹사이트의 html 내용을 추출하는 방법은 다음과 같은 Java 코드를 사용한다.

```
HttpClient client = HttpClients.createDefault();
```

웹서버에 접속하는 개체를 생성한다.

```
HttpGet get = new HttpGet(url);
```

웹서버에 특정 주소의 웹문서를 요청하고 받아오는 개체를 생성한다.

```
HttpResponse response = client.execute(get);
```

웹서버에 접속을 수행하고 웹문서 결과를 받아 response 개체에 저장한다.

2) 웹문서 구조를 분석하여 원하는 내용 추출하기

웹문서는 HTML 형식이므로 내용을 분석하려면 jsoup라고 하는 HTML 분석도구를 사용해야 한다. https://jsoup.org에서 jsoup-*.*.*.jar 파일을 다운로드하고 Java 프로젝트에 복사한 후 Add External JARs에서 지정해주면 된다. html 내용을 분석하기 위하여 다음과 같은 Java 코드를 사용한다.

```
Document doc = doc = Jsoup.parse(content);
```

html 내용(String 문자열로 표현)의 태그 구조를 분석하여 결과를 document 객체에 저장한다.

다음과 같이 document 객체의 select 메소드를 수행하여 특정 태그의 내용을 추출할 수 있다.

```
doc.select("a")
```

a 태그 내용을 추출한다.

```
doc.select("div.result_box")
```

result_box 클래스를 가진 div 태그 내용을 추출한다.

```
doc.select("#news_body_id > div.par")
```

ID 명이 news_body_id인 내용 안에서 par 클래스를 가진 div 태그 내용을 추출한다.

select 각각의 결과는 element 개체에 저장된다. 웹문서에는 동일한 형태의 태그들이 다수 존재할 수 있으므로 select문을 실행하면 Elements라는 저장소에 다수의 개체(element)들이 생성된다. element 개체에는 웹문서의 특정 부분이 저장되어 있고 내부 구조를 이용한 추출이 가능하다. 예를 들면 인터넷 링크를 저장하고 있는 href 속성값을 가져오려면 Element.attr("href")를 사용하면 된다. 실제 사용법은 웹크롤링 예제에서 다룰 것이다.

1-3 조선일보 기사 웹크롤링

조선일보 사이트에서 특정 키워드를 입력하여 기사의 본문을 수집하려고 한다. 아래 화면은 "문화"에 대한 기사 검색 결과이다.

검색 결과 2페이지로 가서 브라우저의 주소를 보면 다음과 같은 구조로 되어 있다.

http://nsearch.chosun.com/search/total.search?query=%EB%AC%B8%ED%99%94&sort=1&pn=2

"%EB%AC%B8%ED%99%94"로 표시된 문자들은 "문화"라는 문자를 암호화 인코딩한 것이기 때문에 실제로 위 주소는 다음과 같은 형태라고 볼 수 있다.

http://nsearch.chosun.com/search/total.search?query=문화&sort=1&pn=2

위 주소 형식을 이용해서 "문화"가 들어간 위치에 다른 검색어를 넣고, 페이지번호를 의미하는 "pn=2"에서 숫자를 바꾸면 바로 우리가 원하는 검색어 결과의 특정 페이지를 볼 수 있다. 검색 결과는 각 기사의 제목과 내용 일부만 보여주고 있으며 실제 기사 페이지로 이동하려면 해당 기사 썸네일을 클릭하면 된다.

위 사이트에서 "문화"에 대한 기사 100건을 수집하려면 다음과 같은 방법을 사용할 수 있다.

1단계: 아래 주소를 이용하여 검색 결과 1페이지로 이동한다.

http://nsearch.chosun.com/search/total.search?query=문화&sort=1&pn=1

2단계: 검색 결과 페이지를 분석하여 각 기사의 썸네일에 연결된 기사 주소(인터넷 주소)를 추출한다. html 파일을 분석하면 다음과 같은 기사 주소를 볼 수 있다.

```
<a href="http://news.chosun.com/site/data/html_dir/2019/07/16/2019071600364.html">
60년 연극 대부… 창작 뮤지컬.여성극 발전에도 큰 획</a>
```

위 기사 링크가 모여 있는 곳은 <div class="search_news_box"> 라는 div 태그에 있다.

3단계: 추출된 인터넷 기사 주소로 웹서버에 다시 접속하여 기사 본문 html 파일을 다운로드받는다.

4단계: 기사 본문 html 파일을 분석해서 본문이 위치한 태그를 찾아 본문 내용을 추출하여 임시파일에 저장한다. 본문은 다음과 같은 구조로 저장되어 있다.

```
<id=news_body_id .... <div class=par 본문내용 />
```

5단계: 100개의 기사 본문을 수집할 때까지 위 작업을 반복한다.

3단계에서 웹사이트 태그 구조가 변경된 경우 현재 웹사이트 구조에 맞게 수집 프로그램을 수정해야 한다.

1) 기사 수집 Java 프로젝트 생성

- File > New > Java Project를 클릭 후 Project Name에 ChosunCrawling이라고 입력하고 Finish 버튼을 누른다.
- Eclipse 화면 왼쪽 Package Explorer에서 src/main/java > New > Class 메뉴를 선택하고 public static new main(String[] args)을 체크한 상태에서 ChosunCrawling 클래스를 생성한다. 이때 패키지 이름은 빈칸으로 둔다.
- Eclipse 화면 왼쪽 Package Explorer에서 프로젝트 이름을 우클릭하면 properties 메뉴를 클릭하여 프로젝트의 속성을 변경할 수 있다. 아래 그림처럼 resource 설정 text file encoding을 UTF-8로 설정한다. 설정하지 않은 경우 수집된 문자열이 이상하게 보일 수 있다.
- HttpClient 도구와 jsoup 도구 jar 파일을 프로젝트에 복사하고 등록한다(Build Path > Configure Build Path > Libraries > Add External JARs).

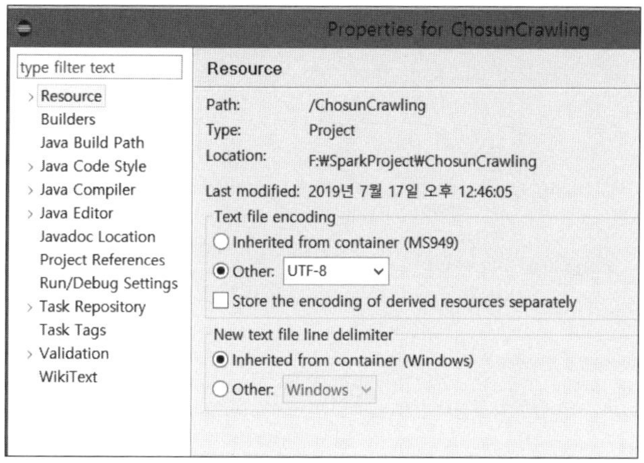

2) import 코드 입력하기

앞에서 설명한 바와 같이 웹크롤링을 만들기 위해서는 여러 도구들이 필요하다. 이러한 도구를 import 문을 이용하여 다음과 같이 지정한다.

```
import java.util.*;
import java.io.FileOutputStream;
import java.io.Exception;
import java.io.OutputStreamWriter;
import java.net.MalformedURLException;
import java.nio.charset.Charset;
import org.apache.http.HttpResponse;
import org.apache.http.client.HttpClient;
import org.apache.http.client.methods.HttpGet;
import org.apache.http.impl.client.HttpClients;
import org.apache.http.util.EntityUtils;
import org.jsoup.Jsoup;
import org.jsoup.nodes.Document;
import org.jsoup.nodes.Element;
import org.jsoup.select.Elements;
```

3) main() 메소드 코드 입력하기

main(String[] args) {   } 안에 다음과 같이 코드를 입력한다.

```
public static void main(String[] args) throws Exception
{
  String keyword="문화";
  int endPage=10;
  OutputStreamWriter out
    =new OutputStreamWriter(new FileOutputStream("chosun.txt"));
  for(int page=1; page <= endPage; page++)
  {
    String url=String.format(
      "http://search.chosun.com/search/news.search?query=%s&pageno=%s"
      ,keyword,Integer.toString(page));
    String contents=getSearchPage(url);
    HashSet<String> newLinks=getNewsLink(contents);
    for(String link:newLinks)
    {
      String newsBody=getBody(link);
      out.write(newsBody);
    }
  }
  out.close();
}
```

main 메소드 코드를 분석하면 다음과 같다.

```
public static void main(String[] args) throws Exception
{
  ...
}
```

main method는 클래스를 최초로 만들면 자동 생성된다(생성 체크박스를 선택해야 한다). 그러나 예외처리에 대한 코드는 사용자가 입력해주어야 한다. 위 코드에서 throws Exception을 넣었는데, main() 메소드에서 파일출력 코드가 있기 때문에 예외처리 코드를 넣어주어야 한다(Java 규칙).

```
String keyword="문화";
int endPage=10;
OutputStreamWriter out
 =new OutputStreamWriter(new FileOutputStream("chosun.txt"));
```

검색할 키워드를 설정하고, 수집할 검색 결과 페이지를 1~10페이지까지로 한다. 그리고 수집 결과를 저장할 파일(chosun.txt)을 준비한다.

```
for(int page=1; page <= endPage; page++)
{
  String url=String.format(
  "http://search.chosun.com/search/news.search?query=%s&pageno=%s"
   , keyword, Integer.toString(page) );
   <여기서 기사 수집 절차 수행>
}
```

반복문을 이용하여 수집할 검색 결과 1페이지에서 10페이지까지 기사를 수집하는 절차를 10번 반복한다. 웹서버에 요청할 주소(url)에 검색어와 페이지번호만 바꾸어서 사용한다.

```
String contents=getSearchPage(url);
HashSet<String> newLinks=getNewsLink(contents);
```

getSearchPage() 메소드를 이용하여 검색 결과 페이지를 contents에 저장한다. 그리고 getNewsLink() 메소드로 contents 안에 있는 기사 링크를 추출하여 newLinks라는 집합에 저장한다. getSearchPage(), getNewsLink() 메소드는 아래 소스코드에서 설명한다.

```
for(String link:newLinks)
{
  String newsBody=getBody(link);
  out.write(newsBody);
}
```

getBody() 메소드를 이용하여 newLinks 안에 있는 기사 링크에 접속하여 기사 본문을 추출한다. 그리고 추출한 내용을 파일에 저장한다. getBody() 메소드는 아래 코드에서 설명한다.

4) getSearchPage() 메소드 만들기

이 함수는 특정 url에 접속하여 웹서버가 제공하는 웹문서를 받아서 문자열로 변환해주는 역할을 한다. 코드는 다음과 같다. main() 메소드 상단에 아래 코드를 입력한다.

```
public static String getSearchPage(String url) throws Exception
{
 HttpClient client = HttpClients.createDefault();
 HttpGet get = new HttpGet(url);
 HttpResponse response = client.execute(get);
 String body =
  EntityUtils.toString(response.getEntity(), Charset.forName("euc-kr"));
 return body;
}
public static void main(String[] args) throws Exception
{
 ...
}
```

getSearchPage( ) 메소드를 분석하면 다음과 같다.

```
public static String getSearchPage(String url) throws Exception
{
 ...
 return body;
}
```

getSearchPage() 메소드 형태는 웹페이지 주소(url)를 입력받아서 웹페이지(body)를 출력(리턴)해주는 구조를 가지고 있다. Java 내부 규칙상 웹서버에 접속하기 위해서는 예외처리가 필요하다.

```
HttpClient client = HttpClients.createDefault();
HttpGet get = new HttpGet(url);
HttpResponse response = client.execute(get);
```

웹서버에 접속해서 웹페이지파일(html)을 받아오는 코드이다. 실행 순서는 다음과 같이 진행된다.

1단계: 최초 웹서버 접속을 수행하는 개체를 생성한다. (client)
2단계: 웹주소를 통해 웹페이지파일을 받아오는 개체를 생성한다. (get)
3단계: 웹서버에 접속해서 웹페이지파일을 받아 response 개체에 저장한다.

```
String body =
  EntityUtils.toString(response.getEntity(), Charset.forName("euc-kr"));
return body;
```

웹페이지파일이 저장된 response 개체에서 내용을 "euc-kr" 문자로 변환하여 body에 저장하고, 결과를 출력(리턴)해준다.

5) getNewsLink() 메소드

기사 검색 결과 페이지에서 기사의 웹주소를 추출해주는 함수이다. 코드는 다음과 같다.

```
public static HashSet<String> getNewsLink(String page)
{
 HashSet<String> links=new HashSet<String>();
 Document doc = Jsoup.parse(page);
 Elements news = doc.select("div.search_news_box");
 for(Element x : news)
 {
  Elements urls = x.select("a");
  for(Element url : urls)
  {
   String newsLink = url.attr("href");
   if(!links.contains(newsLink) && newsLink.contains("news.chosun"))
      links.add(newsLink);
  }
 }
 return links;
}
```

getNewsLink( ) 메소드를 분석하면 다음과 같다.

```
public static HashSet<String> getNewsLink(String page)
{
 HashSet<String> links=new HashSet<String>();
 <기사 링크 추출>
 return links;
}
```

getNewsLink() 메소드 형태는 웹페이지 내용(page)을 입력받아서 기사 집합(links)을 출력(리턴)해주는 구조를 가지고 있다. 기사 집합은 HashSet이라는 집합저장소에 저장된다. HashSet은 중복 없는 데이터 집합을 저장하는 개체이다.

```
Document doc = Jsoup.parse(page);
Elements  news = doc.select("div.search_news_box");
```

입력받은 웹페이지에서 기사 링크를 추출하기 위해 웹페이지를 분석을 수행한다. html 분석은 Jsoup.parse()를 사용하였다. 분석 결과는 Document 형식의 doc 개체에 저장된다.
페이지에서 기사 링크가 모여 있는 곳은 <div class="search_news_box">라는 div 태그에 있으므로 select 문을 이용하여 class가 search_news_box인 div 태그 내용을 추출해서 Element 형식으로 news라는 저장소에 저장하게 된다.

```
for(Element x : news)
{
  Elements urls = x.select("a");
  for(Element url : urls)
  {
    String newsLink = url.attr("href");
    if(!links.contains(newsLink) && newsLink.contains("news.chosun"))
        links.add(newsLink);
  }
}
```

"a" 태그 내용을 추출하는 select() 문을 사용하여 기사 링크를 가져오는데 실제 인터넷 주소는 각 기사 링크의 href 속성값이 있으므로 attr() 문을 이용하여 인터넷 주소를 추출한다.
동일한 주소가 이미지 및 문자열에 연결되어 있을 수 있고, 광고 주소가 있을 수도 있으므로 중복되는 것과 불필요한 광고를 제거하기 위해 조건문을 사용하여 최종적으로 기사의 인터넷 주소를 저장한다.

6) getBody() 메소드

각 기사 페이지에서 기사 본문 내용만 가져오는 함수이다. 전체 코드는 다음과 같다.

```
public static String getBody(String url)
throws Exception, MalformedURLException, NullPointerException
{
  String newsBody="";
  HttpClient client = HttpClients.createDefault();
  HttpGet get = new HttpGet(url);
  HttpResponse response = client.execute(get);
  String content = EntityUtils.toString(response.getEntity(), "UTF-8");
  Document doc = Jsoup.parse(content);
  Elements bodies=doc.select("#news_body_id > div.par");
  for(Element body:bodies) newsBody+=body.text()+"\r\n";
  return newsBody;
}
```

getBody( ) 메소드를 분석하면 다음과 같다.

```
String content = EntityUtils.toString(response.getEntity(), "UTF-8");
```

기사 웹페이지를 다운로드받아 "UTF-8" 형식으로 변환하여 문자열 content에 저장한다.

```
Document doc = Jsoup.parse(content);
Elements bodies=doc.select("#news_body_id > div.par");
```

기사 웹페이지의 html 구조를 분석 후, id가 news_body_id인 태그 내용 중에 클래스가 par인 div 태그 내용을 모두 추출하여 기사 본문을 가져온다. 이러한 결과를 bodies에 Element 형식으로 저장한다.

1-4 쿠팡 상품정보 웹크롤링

쿠팡 사이트에서 특정 키워드를 입력하여 관련 상품정보를 수집하려고 한다. 아래 화면은 키워드 "겨울"에 대한 상품 검색 결과이다.

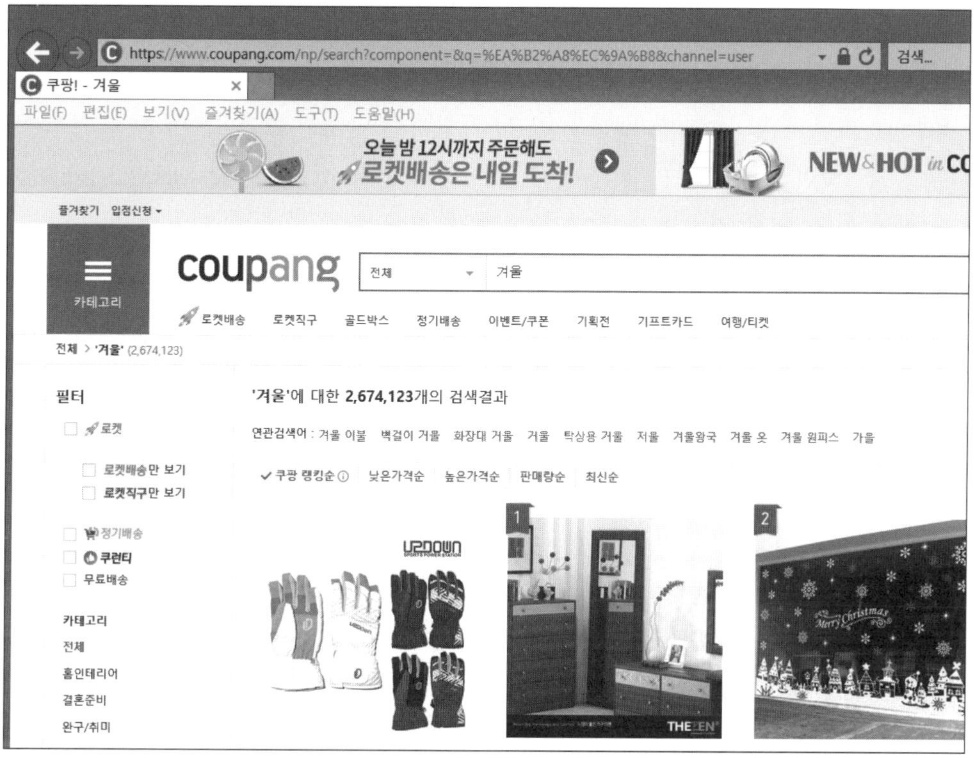

브라우저의 검색 주소를 보면 다음과 같은 구조를 가지고 있다.

https://www.coupang.com/np/search?q=%EA%B2%A8%EC%9A%B8&page=3

q 값에 검색어, page 값에 페이지번호를 넣으면 바로 검색 결과 페이지에 연결할 수 있다.

1) 상품정보 수집 Java 프로젝트 생성

- File > New > Java Project를 클릭 후 Project Name에 CoupangCrawling이라고 입력 후 Finish 버튼을 누른다.
- Eclipse 화면 왼쪽 Package Explorer에서 src/main/java > New > Class 메뉴를 선택하고 public static new main(String[] args) 체크한 상태에서 CoupangCrawling 클래스를 생성한다. 이때 패키지 이름은 빈칸으로 둔다.
- Eclipse 화면 왼쪽 Package Explorer에서 프로젝트 이름을 우클릭하여 properties 메뉴를 클릭하면 프로젝트의 속성을 변경할 수 있다. resource 설정 text file encoding을 UTF-8로 설정한다. 설정하지 않은 경우 수집된 문자열이 이상하게 보일 수 있다.
- HttpClient 도구와 jsoup 도구 jar 파일을 프로젝트에 복사하고 등록한다(Build Path > Configure Build Path > Libraries > Add External JARs).

2) import 코드 입력하기

앞에서 설명한 바와 같이 웹크롤링을 만들기 위해서는 여러 도구들이 필요하다. 이러한 도구를 import 문을 이용하여 다음과 같이 지정한다.

```
import java.io.FileOutputStream;
import java.io.Exception;
import java.io.OutputStreamWriter;
import java.net.URLEncoder;
import java.nio.charset.Charset;
import org.apache.http.HttpResponse;
import org.apache.http.client.config.CookieSpecs;
import org.apache.http.client.config.RequestConfig;
import org.apache.http.client.methods.HttpGet;
import org.apache.http.impl.client.CloseableHttpClient;
import org.apache.http.impl.client.HttpClientBuilder;
import org.apache.http.impl.client.HttpClients;
import org.apache.http.util.EntityUtils;
```

```
import org.jsoup.Jsoup;
import org.jsoup.nodes.Document;
import org.jsoup.nodes.Element;
import org.jsoup.select.Elements;
```

3) main() 메소드 코드 입력하기

main(String[] args) {   } 안에 다음과 같이 코드를 입력한다.

```
public static void main(String[] args) throws Exception
{
 String keyword="겨울옷";
 int endPage=10;
 OutputStreamWriter out
  =new OutputStreamWriter(new FileOutputStream("coupang.txt"));
 for(int page=1; page <= endPage; page++)
 {
  StringBuilder urlBuilder
   = new StringBuilder("https://www.coupang.com/np/search?q=");
  urlBuilder.append(URLEncoder.encode(keyword,"UTF-8"));
  urlBuilder.append("&page="+page);
  String contents=getItemsPage(urlBuilder.toString());
  String itemNames=getItemsName(contents);
  out.write(itemNames);
 }
 out.close();
}
```

main 메소드 코드를 분석하면 다음과 같다.

```
public static void main(String[] args) throws Exception
{
  ...
}
```

main method는 클래스를 최초로 만들면 자동 생성된다(생성 체크박스를 선택해야 한다). 그러나 예외처리에 대한 코드는 사용자가 입력해주어야 한다. 위 코드에서 throws Exception을 넣어주었는데, main() 메소드에서 파일출력 코드가 있기 때문에 예외처리 코드를 넣어주어야 한다(Java 규칙).

```
String keyword="겨울";
int endPage=10;
OutputStreamWriter out
  =new OutputStreamWriter(new FileOutputStream("coupang.txt"));
```

검색할 키워드를 설정하고, 수집할 검색 결과 페이지를 1~10페이지까지로 한다. 그리고 수집 결과를 저장할 파일(coupang.txt)을 준비한다.

```
for(int page=1; page <= endPage; page++)
{
 StringBuilder urlBuilder
     = new StringBuilder("https://www.coupang.com/np/search?q=");
 urlBuilder.append(URLEncoder.encode(keyword,"UTF-8"));
 urlBuilder.append("&page="+page);
 <여기서 상품이름 수집 절차 수행>
}
```

반복문을 이용하여 수집할 검색 결과 1페이지에서 10페이지까지 상품정보를 수집하는 절차를 10번 반복한다. 웹서버에 요청할 주소(url)에서 검색어와 페이지번호만 바꾸어서 사용한다.

```
String contents=getItemsPage(urlBuilder.toString());
String itemNames=getItemsName(contents);
out.write(itemNames);
```

getItemsPage() 메소드를 이용하여 상품 검색 페이지를 받아오고, getItemsName() 메소드를 이용해서 페이지를 분석하여 상품정보만 추출한다. 그리고 추출한 상품정보를 파일에 저장한다.

4) getItemsPage() 메소드 만들기

쿠팡 웹서버가 제공하는 상품 검색 결과 페이지를 받는 함수이다. 코드는 다음과 같다. main() 메소드 상단에 다음 코드를 입력한다.

```
public static String getItemsPage(String sitename) throws Exception
{
  Builder b=RequestConfig.custom();
  RequestConfig c= b.setCookieSpec(CookieSpecs.BROWSER_COMPATIBILITY).
    build();
  HttpClientBuilder clientBuilder=HttpClients.custom().
    setDefaultRequestConfig(c);
  CloseableHttpClient client = clientBuilder.build();

  HttpGet get = new HttpGet(sitename);
  HttpResponse response = client.execute(get);
  String body = EntityUtils.toString(response.getEntity(), Charset.
    forName("euc-kr"));
  return body;
}
```

getItemsPage( ) 메소드를 분석하면 다음과 같다.

```
Builder b=RequestConfig.custom();
RequestConfig c
 =b.setCookieSpec(CookieSpecs.BROWSER_COMPATIBILITY).build();
HttpClientBuilder clientBuilder
 =HttpClients.custom().setDefaultRequestConfig(c);
CloseableHttpClient client = clientBuilder.build();
```

웹서버에 접속하는 client를 생성하는 코드이다. 웹서버의 특성에 따라 다양한 옵션이 사용되었다.

```
HttpGet get = new HttpGet(sitename);
HttpResponse response = client.execute(get);
String body =
 EntityUtils.toString(response.getEntity(),Charset.forName("euc-kr"));
return body;
```

웹서버에 접속 후 결과를 저장한 response 개체에서 페이지 내용을 "euc-kr" 문자로 변환하여 body에 저장하고, 결과를 출력(리턴)해준다.

5) getItemsName() 메소드 작성하기

상품 페이지에서 상품명을 추출하는 함수이다. 코드는 다음과 같다.

```
public static String getItemsName(String content)
{
 String itemNames="";
 Document doc = Jsoup.parse(content);
 Elements  items = doc.select("div.name");
 for(Element item:items) itemNames+=(item.text()+"\r\n");
 return itemNames;
}
```

getItemsName() 메소드를 분석하면 다음과 같다.

```
String itemNames="";
Document doc = Jsoup.parse(content);
```

상품정보를 저장한 문자열 개체 itemsNames을 생성하고, 웹페이지(content)를 분석하여 결과를 doc 객체에 저장한다.

```
Elements items = doc.select("div.name");
for(Element item:items) itemNames+=(item.text()+"\r\n");
```

상품정보 페이지를 보면 다음과 같은 구조로 상품명이 표시되어 있다.

```
<div class="name"> 상품명 </div>
```

doc에서 class가 name인 div 태그 내용을 추출하면 상품정보를 추출할 수 있다. 그러므로 select.("div.name") 문을 이용하여 정보를 추출하고 결과가 저장된 Element를 모두 꺼내 문자열(itemNames)에 저장한다.

1-5 옥션 상품정보 웹크롤링

옥션 사이트에서 특정 키워드를 입력하여 관련 상품정보를 수집하려고 한다. 아래 화면은 키워드 "겨울"에 대한 상품 검색 결과이다.

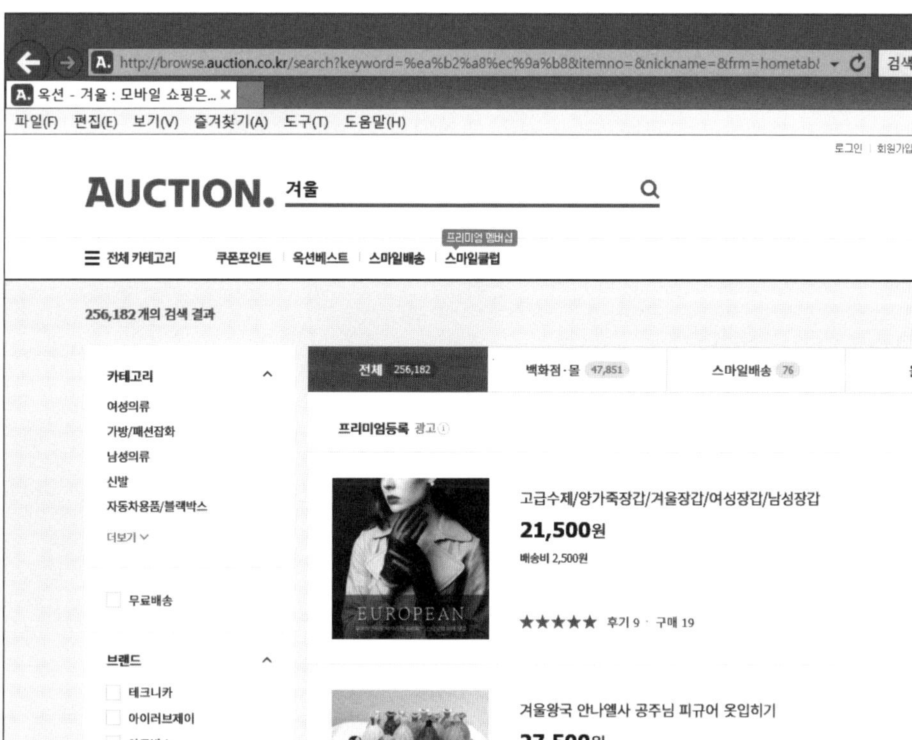

브라우저의 검색 주소를 보면 다음과 같은 구조를 가지고 있다.

http://browse.auction.co.kr/search?keyword=%ea%b2%a8%ec%9a%b8&p=2

keyword 값에 검색어, p 값에 페이지번호를 넣으면 바로 검색 결과 페이지에 연결할 수 있다.

1) 옥션 상품정보 수집 Java 프로젝트 생성

- File > New > Java Project를 클릭 후 Project Name에 AuctionCrawling이라고 입력 후 Finish 버튼을 누른다.
- Eclipse 화면 왼쪽 Package Explorer에서 src/main/java > New > Class 메뉴를 선택하고 public static new main(String[] args)을 체크한 상태에서 AuctionCrawling 클래스를 생성한다. 이때 패키지 이름은 빈칸으로 둔다.
- Eclipse 화면 왼쪽 Package Explorer에서 프로젝트 이름을 우클릭하고 properties 메뉴를 클릭하면 프로젝트의 속성을 변경할 수 있다. resource 설정 text file encoding을 UTF-8로 설정한다. 설정하지 않은 경우 수집된 문자열이 이상하게 보일 수 있다.
- HttpClient 도구와 jsoup 도구 jar 파일을 프로젝트에 복사하고 등록한다(Build Path > Configure Build Path > Libraries > Add External JARs).

2) import 코드 입력하기

앞에서 설명한 바와 같이 웹크롤링을 만들기 위해서는 여러 도구들이 필요하다. 이러한 도구를 import 문을 이용하여 다음과 같이 지정한다.

```
import java.io.FileOutputStream;
import java.io.Exception;
import java.io.OutputStreamWriter;
import java.nio.charset.Charset;
import org.apache.http.HttpResponse;
import org.apache.http.client.HttpClient;
import org.apache.http.client.methods.HttpGet;
import org.apache.http.impl.client.HttpClients;
import org.apache.http.util.EntityUtils;
import org.jsoup.Jsoup;
import org.jsoup.nodes.Document;
import org.jsoup.nodes.Element;
import org.jsoup.select.Elements;
```

3) main() 메소드 코드 입력하기

main(String[] args) { } 안에 다음과 같이 코드를 입력한다.

```
public static void main(String[] args) throws Exception
{
  String keyword="겨울";
  OutputStreamWriter out
    =new OutputStreamWriter(new FileOutputStream("auction.txt"));
  for(int page=1;page<=10;page++)
  {
    String url
     = String.format("http://browse.auction.co.kr/search?keyword=%s&p=%s"
          ,keyword,Integer.toString(page));
    String contents=getItemsPage(url);
    String itemNames=getItemsName(contents);
    out.write(itemNames);
  }
out.close();
}
```

main 메소드 코드를 분석하면 다음과 같다.

```
public static void main(String[] args) throws Exception
{
  ...
}
```

main method는 클래스를 최초로 만들면 자동 생성된다(생성 체크박스 선택 필요). 그러나 예외처리에 대한 코드는 사용자가 입력해주어야 한다. 위 코드에서 throws Exception을 넣어주었는데, main() 메소드에서 파일출력 코드가 있기 때문에 예외처리 코드를 넣어주어야 한다(Java 규칙).

```
String keyword="겨울";
int endPage=10;
OutputStreamWriter out
  =new OutputStreamWriter(new FileOutputStream("auction.txt"));
```

검색할 키워드를 설정하고, 수집할 검색 결과 페이지를 1~10페이지까지로 한다. 그리고 수집 결과를 저장할 파일(auction.txt)을 준비한다.

```
for(int page=1;page<=10;page++)
{
  String url =
  String.format("http://browse.auction.co.kr/search?keyword=%s&p=%s"
         ,keyword,Integer.toString(page));
  <여기서 상품정보 수집 수행>
}
```

반복문을 이용하여 수집할 검색 결과 1~10페이지까지 상품정보를 수집하는 절차를 10번 반복한다. 웹서버에 요청할 주소(url)에 검색어와 페이지번호만 바꾸어서 사용한다.

```
String contents=getItemsPage(url);
String itemNames=getItemsName(contents);
out.write(itemNames);
```

getItemsPage() 메소드를 이용하여 상품 검색페이지를 받아오고, getItemsName() 메소드를 이용해서 페이지를 분석하여 상품정보만 추출한다. 그리고 추출한 상품정보를 파일에 저장한다.

4) getItemsPage() 메소드 만들기

옥션 웹서버가 제공하는 상품 검색 결과 페이지를 받는 함수이다. 코드는 다음과 같다. main() 메소드 상단에 아래 코드를 입력한다.

```
public static String getItemsPage(String url) throws Exception
{
 HttpClient client = HttpClients.createDefault();
 HttpGet get = new HttpGet(url);
 HttpResponse response = client.execute(get);
 String body = EntityUtils.toString(response.getEntity(), Charset.
   forName("euc-kr"));
 return body;
}
```

getItemsPage( ) 메소드를 분석하면 다음과 같다.

```
HttpClient client = HttpClients.createDefault();
HttpGet get = new HttpGet(url);
HttpResponse response = client.execute(get);
String body = EntityUtils.toString(response.getEntity(),
 Charset.forName("euc-kr"));
return body;
```

웹서버에 접속 client 객체를 생성 후, 서버에 접속하여 웹페이지를 받아온다.
페이지 내용을 "euc-kr" 문자로 변환하여 body에 저장하고, 결과를 출력(리턴)해준다.

5) getItemsName() 메소드 작성하기

상품 페이지에서 상품명을 추출하는 함수이다. 코드는 다음과 같다.

```
public static String getItemsName(String content)
{
  String itemNames="";
  Document doc = Jsoup.parse(content);
  Elements  items = doc.select("span.text--title");
  for(Element item:items) itemNames+=(item.text()+"\r\n");
  return itemNames;
}
```

getItemsName() 메소드를 분석하면 다음과 같다.

```
String itemNames="";
Document doc = Jsoup.parse(content);
```

상품정보를 저장한 문자열 개체 itemsNames를 생성하고, 웹페이지(content)를 분석하여 결과를 doc 객체에 저장한다.

```
Elements  items = doc.select("span.text--title");
for(Element item:items) itemNames+=(item.text()+"\r\n");
```

상품정보 페이지를 보면 다음과 같은 구조로 상품명이 표시되어 있다.

```
<span class="text--title"> 상품명 </span>
```

doc에서 class가 text-title인 span 태그 내용을 추출하면 상품정보를 추출할 수 있다. 그러므로 select.("span.text-title") 문을 이용하여 정보를 추출하고 결과가 저장된 element를 모두 꺼내 문자열(itemNames)에 저장한다.

2 API를 이용한 데이터 수집

웹서비스를 제공하는 일부 업체에서는 자사의 서비스정보를 API(Application Programming Interface)라는 도구를 사용하여 제공하고 있다. API를 이용하는 정보 제공은 웹크롤링보다 안전하고 규격화되어 있지만 정보가 제한적일 수 있다. 각 업체에서 제공하는 사용자 매뉴얼을 참조하여 사용 정보를 받을 수 있다. 통신 방법은 일반적으로 Web 통신을 사용하고 있어 앞에서 언급한 웹크롤링 방식과 유사하지만, 서비스를 받는 특별한 url과 사용자번호 및 암호를 사용하는 것이 차이점이다.

2-1 트위터 글 수집

트위터(Twitter) 회사에서 제공하는 API를 사용하여 글을 수집할 수 있다. API를 사용하려면 회원가입을 하고 인증키를 발급받는 절차가 필요하다. 현재 트위터 API의 search 기능은 최근 7일 동안의 트윗(글)을 모아준다.

1) API 키 발급 절차

- 일단 트위터에 가입한다.
- https://dev.twitter.com/apps에 접속하여 로그인한다.
- applying for a Twitter Developer account(개발자 계정 지원)를 클릭한다.
- Account details 탭에서 정보 입력 후 Continue 버튼을 클릭한다.
- 트위터 API 이용 목적을 적고 Submit application 버튼을 클릭한다.
- 본인의 이메일 계정으로 Confirm을 진행한다.
- Create your first app을 클릭하여 본인의 시스템 정보를 입력 후 Create 버튼을 누른다.

- 다음과 같은 4개의 키가 생성된다. 나중에 사용할 수 있도록 복사해둔다.

Consumer API keys	API key
	API secret key
Access token key	Access token
	Access token secret

2) 사이트에서 검색도구 다운로드

다음 사이트에서 twitter4j-core-4.0.7.jar 파일을 다운로드한다.

http://twitter4j.org/ko

3) 트위터 글 수집 Java 프로젝트 생성

- File > New > Java Project를 클릭하여 Project Name에 TwitterSearch라고 입력 후 Finish 버튼을 누른다.
- Eclipse 화면 왼쪽 Package Explorer에서 src/main/java > New > Class 메뉴를 선택하고 public static new main(String[] args)을 체크한 상태에서 TwitterSearch 클래스를 생성한다. 이때 패키지 이름은 빈칸으로 둔다.
- 앞에서 다운로드한 twitter4j-core*jar 파일을 등록한다(Build Path > Configure Build Path > Libraries > Add External JARs).

4) 필요한 import 문 입력

```
import twitter4j.Status;
import twitter4j.Twitter;
import twitter4j.TwitterFactory;
import twitter4j.Query;
import twitter4j.QueryResult;
import twitter4j.auth.AccessToken;
import java.io.FileOutputStream;
import java.io.OutputStreamWriter;
import java.util.*;
```

5) main() 메소드 코드 입력하기

```
public static void main(String[] args) throws Exception
{
 Twitter twitter = new TwitterFactory().getInstance();
 twitter.setOAuthConsumer("API key","API secret key");
 twitter.setOAuthAccessToken(new AccessToken("Access token"
                ,"Access token secret"));
 OutputStreamWriter out
   =new  OutputStreamWriter(new FileOutputStream("twitter.txt"));
 Query query = new Query("초미세먼지");
 query.setCount(100);
 QueryResult R = twitter.search(query);
 List<Status> tweets = R.getTweets();
 for (Status tweet : tweets)
 {
  String aText=tweet.getText();
  out.write(aText);
 }
 out.close();
}
```

main 메소드 코드를 분석하면 다음과 같다.

```
Twitter twitter = new TwitterFactory().getInstance();
twitter.setOAuthConsumer("API key","API secret key");
twitter.setOAuthAccessToken(new AccessToken("Access token"
                ,"Access token secret"));
```

트위터에 접속할 객체를 생성한다. 그리고 앞에서 등록된 네 가지 키를 등록한다.

```
OutputStreamWriter out
   =new  OutputStreamWriter(new FileOutputStream("twitter.txt"));
Query query = new Query("초미세먼지");
```

트위터 글을 수집하여 저장할 파일(twitter.txt)을 준비한다. 그리고 검색할 단어를 저장하는 query 객체를 준비한다.

```
query.setCount(100);
QueryResult R = twitter.search(query);
```

조회되는 트윗을 100개로 설정하고 조회를 실행한다. 결과는 R 객체에 저장된다.

```
List<Status> tweets = R.getTweets();
for (Status tweet : tweets)
{
  String aText=tweet.getText();
  out.write(aText);
}
```

각 글들은 Status라는 객체에 저장되어 있다. 조회된 글들을 하나씩 꺼내 파일에 저장한다.

2-2 네이버 블로그 글 수집

네이버(Naver) 회사에서 제공하는 API를 사용하여 블로그 검색 결과를 수집할 수 있다. API를 사용하려면 회원 가입을 하고 인증키를 발급받는 절차가 필요하다.

1) API 키 발급 절차

https://developers.naver.com/main에 접속한 다음 본인의 네이버 아이디로 로그인하여 API 이용 신청을 한다.

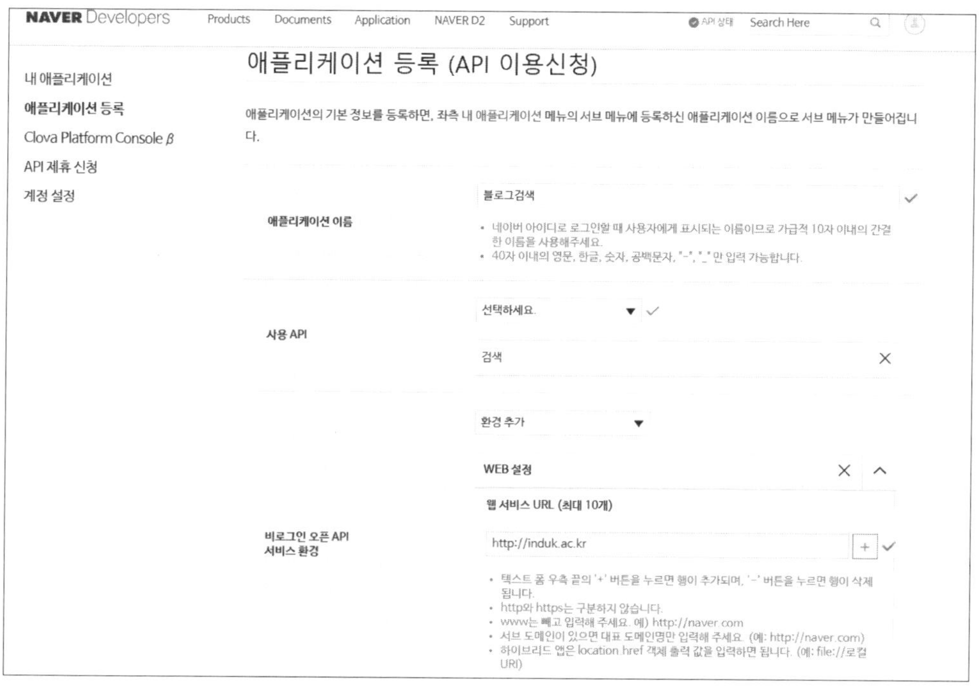

2) Client ID와 Client Secret 확인

애플리케이션 목록에서 Client ID와 Client Secret을 확인한 후 메모장에 저장한다.

3) 네이버 블로그 글 수집 Java 프로젝트 생성

- File > New > Java Project를 클릭하여 Project Name에 NaverSearch라고 입력 후 Finish 버튼을 누른다.
- Eclipse 화면 왼쪽 Package Explorer에서 src/main/java > New > Class 메뉴를 선택하고 public static new main(String[] args) 체크한 상태에서 NaverSearch 클래스를 생성한다. 이때 패키지 이름은 빈칸으로 둔다.
- Eclipse 화면 왼쪽 Package Explorer에서 프로젝트 이름을 우클릭하여 properties 메뉴를 클릭하면 프로젝트의 속성을 변경할 수 있다. 아래 그림처럼 resource 설정 text file encoding을 UTF-8로 설정한다. 설정하지 않은 경우 수집된 문자열이 이상하게 보일 수 있다.
- 웹크롤링 예제에서 사용한 jsoup-*.*.*.jar 파일을 프로젝트에 복사한다. 프로젝트 이름을 선택하고 우클릭하여 Build Path > Configure Build Path > Libraries > Add External JARs를 클릭하여 Jsoup-*.*.*.jar 파일을 저장한다.

4) import 코드 입력하기

```
import java.io.InputStreamReader;
import java.io.OutputStreamWriter;
import java.net.HttpURLConnection;
import java.net.URL;
import java.net.URLEncoder;
import java.io.BufferedReader;
import java.io.FileOutputStream;
import java.io.Exception;
import org.jsoup.Jsoup;
import org.jsoup.nodes.Document;
import org.jsoup.nodes.Element;
import org.jsoup.select.Elements;
```

5) main() 메소드 코드 입력하기

```
public static void main(String[] args) throws Exception
{
  String keyword = URLEncoder.encode("겨울여행", "UTF-8");
  String apiurl =
    "https://openapi.naver.com/v1/search/blog.
     xml?start=1&display=100&query="
     + keyword;
  OutputStreamWriter out=
    new OutputStreamWriter(new FileOutputStream("naver.txt"));

  String page=getSearchResult(apiurl);
  String text=getText(page);
  out.write(text);
  out.close();
}
```

main 메소드 코드를 분석하면 다음과 같다.

```
String keyword = URLEncoder.encode("겨울여행", "UTF-8");
String apiurl =
   "https://openapi.naver.com/v1/search/blog.
   xml?start=1&display=100&query="
   + keyword;
OutputStreamWriter out=
   new OutputStreamWriter(new FileOutputStream("naver.txt"));
```

검색할 키워드를 설정하고 네이버 웹서버에 접속할 주소를 설정한다. 수집 결과를 저장할 파일(naver.txt)을 준비한다.

```
String page=getSearchResult(apiurl);
String text=getText(page);
out.write(text);
```

검색 결과 페이지를 다운로드하고 분석하여 블로그 정보를 추출한 다음 파일에 저장한다.

6) getSearchResult() 메소드 작성하기

```
public static String getSearchResult(String apiurl) throws Exception
{
  String page="";
  String clientId="your client id";
  String clientSecret="your client secret";
  URL url = new URL(apiurl);
  HttpURLConnection con = (HttpURLConnection) url.openConnection();
  con.setRequestMethod("GET");
  con.setRequestProperty("X-Naver-Client-Id", clientId);
  con.setRequestProperty("X-Naver-Client-Secret", clientSecret);
  con.setRequestProperty("Content-type", "application/xml");
  BufferedReader br;
  if(conn.getResponseCode() == 200)
```

```
  br =
    new BufferedReader(new InputStreamReader(conn.getInputStream()));
 else
  br =
    new BufferedReader(new InputStreamReader(conn.getErrorStream()));
 String line;
 while ((line = br.readLine()) != null) page+=line;
 br.close();
 con.disconnect();
 return page;
}
```

getSearchResult() 메소드를 분석하면 다음과 같다.

```
String page="";
String clientId="your client id";
String clientSecret="your client secret";
URL url = new URL(apiurl);
HttpURLConnection con
 = (HttpURLConnection) url.openConnection();
con.setRequestMethod("GET");
con.setRequestProperty("X-Naver-Client-Id", clientId);
con.setRequestProperty("X-Naver-Client-Secret", clientSecret);
con.setRequestProperty("Content-type", "application/xml");
```

네이버 웹서버에 접속하는 con을 생성하는 코드이다. 최초 발급된 clientid와 clientsecret 정보가 필요하다.

```
BufferedReader br;
if(conn.getResponseCode() == 200)
 br =
  new BufferedReader(new InputStreamReader(conn.getInputStream()));
else
 br =
  new BufferedReader(new InputStreamReader(conn.getErrorStream()));
String line;
while ((line = br.readLine()) != null) page+=line;
```

접속이 성공적으로 진행되면 getResponseCode()가 200번 반환된다. 페이지 데이터를 받아오는 br 객체를 생성하고, 데이터를 한 줄씩 받아 page 문자에 저장한다.

7) getText() 메소드 작성

```
public static String getText(String page)
{
  String text="";
  Document doc=Jsoup.parse(page);
  Elements items=doc.select("description");
  for(Element i : items) text+=i.text()+"\r\n";
  return text;
}
```

블로그 정보는 아래와 같은 구조로 페이지에 저장되어 있다.

```
<description 블로그 설명 /description>
```

페이지 분석 후 description 태그 내용 가져오기를 하면 블로그 내용을 추출할 수 있으므로 각각의 내용을 text 문자에 저장하고 출력(return)한다.

3 공공데이터 수집

공공데이터는 공공기관이 생성 또는 취득하여 관리하고 있는 데이터를 국민이 이용할 수 있도록 개방한 것이다. 공공데이터포털(www.data.go.kr) 사이트에서 파일, 오픈 API, 시각화 등 다양한 방식으로 제공하고 있으며, 누구나 검색을 통해 원하는 공공데이터를 쉽고 빠르게 얻을 수 있다. 데이터는 포털에 접속해 파일 형태로 간편하게 다운로드하여 사용할 수도 있지만, 대량의 데이터이거나 업데이트가 빈번한 경우 번거로울 수 있으므로 오픈 API 형태로 받는 것이 효율적이다.

오픈 API를 사용하여 데이터를 받기 위해서는 사이트에서 제공하는 형식으로 url을 생성하여 웹서버에 접속해야 한다. 그러면 XML 형태의 데이터를 받을 수 있다. 해킹을 방지하고 안전한 서버 관리를 하기 위해 인증키를 발급받은 사람에게만 오픈 API 서비스를 제공한다.

3-1 공공데이터포털을 이용한 데이터 수집

1) 인증키 발급하기

https://www.data.go.kr 사이트에서 회원 가입 후 사이트에 로그인한다. 검색을 해서 사용하고 싶은 데이터를 클릭한다. 예시에서는 부동산 실거래 정보를 이용했다.

국토교통부 실거래가 정보를 클릭하여 세부 데이터에서 아파트매매 실거래 자료에 들어간다. 하단의 '활용 신청' 버튼을 누른다.

신청 화면에서 다음과 같이 신청하면 바로 자동 승인된다. 활용 목적은 '연구'로 선택하고, 상세기능정보에 체크한다. 화면 하단의 '동의합니다'에 체크하고 '신청' 버튼을 누른다.

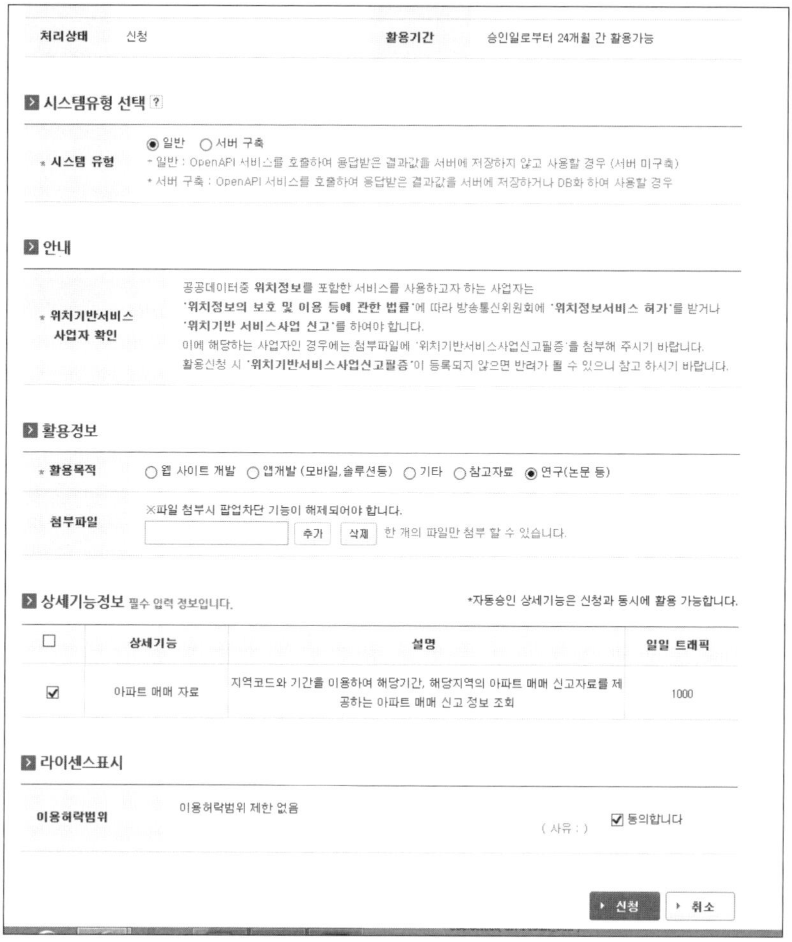

마이페이지에서 다음과 같이 개발계정을 확인할 수 있다.

승인된 항목을 클릭하면 다음과 같은 승인 세부 정보를 볼 수 있다.

화면 상단의 '일반 인증키 받기'를 누르면 아래 예와 같은 인증키를 받을 수 있다.

BRa4dDuVEd5wDEIfAuCgBr5EbPNfh2RRYLZS5zAol4GhbMJ5AMK9gMAfcfPjU%2F
NlrxCzrb8hqGMxgwgS2X%2FBeQ%3D%3D

상세기능정보 오른쪽의 '개발 가이드'를 클릭하면 다음과 같은 설명을 볼 수 있으며, 상단의 *.docx를 다운로드하여 사용법을 참고할 수 있다.

2) 오픈 API 사용 방법

오픈 API를 이용한 데이터 서비스는 다음과 같은 url을 서버에 요청하면 데이터를 제공해 주는 방식이다. 이러한 url은 제공하는 데이터에 따라 다르며 서비스정보에 명시되어 있다.

```
http://openapi.molit.go.kr:8081/OpenAPI_ToolInstallPackage/service/rest/
RTMSOBJSvc/getRTMSDataSvcAptTrade?ServiceKey=X836ruqEBoHYwGMc5zKI
VI2FW0IFEsnpZ2AiwXGzkJM0Kg3p8cP2qKu3cg4YrSHe%2BPwDsrLiC0Mwwc04eEU
QcA%3D%3D&LAWD_CD=11350&DEAL_YMD=201705
```

url을 보면 ServiceKey를 넣는 항목이 있고 이곳에 본인이 받은 인증키를 넣으면 된다. 또한 부동산실거래 데이터 서비스인 경우 지역코드와 날짜정보가 필요하다. 위 url에서 지역코드는 LAWD_CD=11350이라고 표시된 부분이며 구체적인 지역코드는 설명서에 명시되어 있다. 날짜정보는 DEAL_YMD=201705로 2017년 5월 데이터를 의미한다.

이러한 url을 웹브라우저에 입력하여 실행하면 아래 그림과 같이 XML 형태로 데이터가 제공되는 것을 확인할 수 있다.

이러한 작업을 Java로 수행하고 제공된 데이터를 분석하기 좋은 형태로 변환하기 위해서는 Java에서 몇 가지 처리가 필요하다.

먼저 인증키가 포함된 전체 url을 생성해야 한다. 이때 url이 UTF-8 형식으로 인코딩되도록 유의해야 한다. 제공받은 인증키는 이미 인코딩된 문자이므로 따로 인코딩하지 않는다. 아래 코드처럼 Java의 StringBuilder와 URLEncoder 기능을 이용하여 최종 웹주소(url)를 생성한다.

```
StringBuilder urlBuilder = new StringBuilder("인증키가 포함된 전체 url");
URL url = new URL(urlBuilder.toString());
```

웹주소가 완성되면 서버에 접속하고 데이터 내용을 받아 문자열로 저장하는 작업을 Java로 수행한다. 서버에 접속하고 결과를 받아오기 위해 Java net 패키지에서 제공하는 HttpURLConnection 기능을 사용한다. 웹서버가 주는 데이터를 순차적으로 라인 단위로 받아오기 위해서 BufferedReader 기능을 사용하고 최종 결과 데이터는 StringBuilder로 생성한다.

```
HttpURLConnection conn = (HttpURLConnection) url.openConnection();
...
BufferedReader rd=new BufferedReader(new InputStreamReader(conn.
getInputStream());
...
String line = rd.readLine()
```

최종적으로 받은 데이터는 XML 형태이므로 필요한 데이터만 추출하여 테이블 형태로 파일에 저장해야 한다. XML 내용을 분석하려면 jsoup이라고 하는 XML HTML paser 도구를 사용해야 한다. https://jsoup.org/에서 jsoup-*.*.*.jar 파일을 다운로드하고 Java 프로젝트 Add External JARs에서 지정해준다. XML 내용을 최초 분석하기 위하여 다음과 같은 Java 코드를 사용한다.

```
Document doc = Jsoup.parse(sb.toString());
```

XML에서 특정 태그 내용을 가져오기 위해서는 select 문을 사용하면 된다. 부동산실거래 데이터는 items > item > 거래금액, 건축년도··· 형식으로 되어 있으므로 다음과 같은 select 문을 반복적으로 사용하여 필요한 데이터를 가져온다.

```
item.select("거래금액");
```

3-2 부동산실거래 데이터 받아오기

1) Java 프로젝트 생성

- File > New > Java Project를 클릭하여 Project Name에 OpenAPI라고 입력 후 Finish 버튼을 누른다.
- Eclipse 화면 왼쪽 Package Explorer에서 src/main/java > New > Class 메뉴를 선택하고 public static new main(String[] args)을 체크한 상태에서 OpenAPI 클래스를 생성한다. 이때 패키지 이름은 빈칸으로 둔다.
- Eclipse 화면 왼쪽 Package Explorer에서 프로젝트 이름을 우클릭하여 properties 메뉴를 클릭하면 프로젝트의 속성을 변경할 수 있다. resource 설정 text file encoding을 UTF-8로 설정한다. 설정하지 않은 경우 수집된 문자열이 이상하게 보일 수 있다.
- jsoup-*.*.*.jar 파일을 프로젝트에 복사한다. 프로젝트 이름을 선택하고 우클릭하여 Build Path 선택 > Configure Build Path > Libraries 탭을 선택 > Add External JARs를 클릭하여 jsoup-*.*.*.jar 파일을 지정한다.

2) import 코드 입력하기

import 문을 이용하여 다음과 같이 지정한다.

```
import java.io.InputStreamReader;
import java.io.OutputStreamWriter;
import java.io.BufferedReader;
import java.io.FileOutputStream;
import java.io.Exception;
import java.net.HttpURLConnection;
import java.net.URL;
import java.net.URLEncoder;
import org.jsoup.Jsoup;
import org.jsoup.nodes.Document;
import org.jsoup.nodes.Element;
import org.jsoup.select.Elements;
```

3) main() 메소드 코드 입력하기

```
public static void main(String[] args) throws Exception
{
  String xmlPage=getXMLPage();
  OutputStreamWriter out
   =new  OutputStreamWriter(new FileOutputStream("data.txt"));
  String[] fieldname = new String[] { "거래금액", "건축년도", "년", "법정동",
   "아파트", "월", "전용면적", "지번", "지역코드", "층"};

  String colName="";
  for(int i=0;i<10;i++) colName+=fieldname[i]+"\t";
  colName+="\r\n";
  out.write(colName);

  Document doc = Jsoup.parse(xmlPage);
  Element  data = doc.select("items").get(0);
  Elements  itemList = data.select("item");
  for(Element item:itemList)
  {
    String aRow="";
    for(int i=0;i<10;i++) aRow+=item.select(fieldname[i]).text()+"\t";
    aRow+="\r\n";
    out.write(aRow);
  }
  out.close();
}
```

main 메소드 코드를 분석하면 다음과 같다.

```
String xmlPage=getXMLPage();
OutputStreamWriter out
  =new  OutputStreamWriter(new FileOutputStream("data.txt"));
String[] fieldname = new String[] { "거래금액", "건축년도", "년", "법정동", "아파
트", "월", "전용면적", "지번", "지역코드", "층"};
```

서버에 접속하여 데이터를 xml 형태로 받는다. 또한 정리된 데이터를 저장할 파일을 준비한다(data.txt). 데이터 xml 구조에서 데이터 이름을 문자배열에 미리 저장한다.

```
String colName="";
for(int i=0;i<10;i++) colName+=fieldname[i]+"\t";
colName+="\r\n";
out.write(colName);
```

데이터 필드 이름을 파일 첫줄에 저장한다.

```
Document doc = Jsoup.parse(xmlPage);
Element data = doc.select("items").get(0);
Elements itemList = data.select("item");
for(Element item:itemList)
{
  String aRow="";
  for(int i=0;i<10;i++) aRow+=item.select(fieldname[i]).text()+"\t";
  aRow+="\r\n";
  out.write(aRow);
}
```

xml 구조의 데이터를 분석해서 각각의 데이터로 분리한다. 거래데이터는 items라는 태그로 싸여 있고, items 안에 여러 개의 거래데이터가 item으로 저장되어 있다. 이때 각 데이터 이름은 사전에 준비한 fieldname 배열을 사용한다. xmlPage에서 items는 하나이므로 "doc.select("items").get(0)" 코드에서 첫 번째만 가지고 오는 코드인 "get(0)"을 사용하였다. 거래데이터는 item에 저장되고 item 아래 세부 정보들이 fieldname 태그로 저장되어 있다. 최종 데이터는 파일에 다음과 같은 형식으로 저장된다.

거래금액	건축년도	년	법정동	아파트	월	전용면적	지번	지역코드	층
16,800	1993	2017	월계동	주공2	5	38.64	556	11350	15
34,800	1986	2017	월계동	삼호3	5	59.22	13	11350	3
36,300	1997	2017	월계동	대동	5	84.85	925	11350	5
25,800	1987	2017	월계동	삼호4	5	50.18	12	11350	11
32,500	2000	2017	월계동	현대	5	59.95	929	11350	22
30,000	1987	2017	월계동	삼호4	5	59.49	12	11350	4
33,800	1998	2017	월계동	청백4	5	84.54	781	11350	14
51,000	2002	2017	월계동	한진한화그랑빌	5	139.08	18	11350	15
23,330	1998	2017	월계동	초안1	5	49.6	923	11350	7
35,000	1986	2017	월계동	삼호3	5	59.22	13	11350	13
26,800	1996	2017	월계동	극동	5	80.28	803-1	11350	5
26,000	1998	2017	월계동	청백4	5	59.4	781	11350	3
22,500	1995	2017	월계동	성원(사슴4)	5	49.92	322-1	11350	13
30,500	1986	2017	월계동	미륭	5	51.48	13	11350	8
37,600	2002	2017	월계동	한진한화그랑빌	5	59.94	18	11350	18
31,500	2005	2017	월계동	월계역신도브래뉴	5	59.86	942	11350	12
30,400	2000	2017	월계동	현대	5	59.95	929	11350	6
34,700	1986	2017	월계동	삼호3	5	59.22	13	11350	7
29,800	1986	2017	월계동	미성	5	50.14	13	11350	6
49,900	2016	2017	월계동	꿈의숲 SK VIEW	5	84.93	949	11350	9
28,300	1986	2017	월계동	미륭	5	51.48	13	11350	1
50,100	2016	2017	월계동	꿈의숲 SK VIEW	5	84.93	949	11350	15
35,000	1986	2017	월계동	삼호3	5	59.22	13	11350	9
19,500	1995	2017	월계동	사슴3	5	39.6	320-11	11350	3
22,400	1986	2017	월계동	미성	5	33.28	13	11350	1

4) getXMLPage( ) 코드 입력하기

웹서버가 제공하는 데이터 페이지를 받는 함수이다. 코드는 다음과 같다. main() 메소드 상단에 아래 코드를 입력한다.

```
public static String getXMLPage( ) throws Exception
{
 String serviceKey
  ="X836ruqEBoHYwGMc5zKIVI2FW01FEsnpZ2AiwXGzkJM0Kg3p8cP2qKu3cg4
   YrSHe%2BPwDsrLiC0Mwwc04eEUQcA%3D%3D";
 StringBuilder urlBuilder =
 new StringBuilder("http://openapi.molit.go.kr:8081
   /OpenAPI_ToolInstallPackage/service/rest
   /RTMSOBJSvc/getRTMSDataSvcAptTrade");
 urlBuilder.append("?" + URLEncoder.encode("ServiceKey","UTF-8")
   + "=" + serviceKey);
 urlBuilder.append("&" + URLEncoder.encode("LAWD_CD","UTF-8")
   + "=" + URLEncoder.encode("11350", "UTF-8"));
 urlBuilder.append("&" + URLEncoder.encode("DEAL_YMD","UTF-8")
   + "=" + URLEncoder.encode("201705", "UTF-8"));
 URL url = new URL(urlBuilder.toString());
 HttpURLConnection con = (HttpURLConnection) url.openConnection();
 con.setRequestMethod("GET");
 con.setRequestProperty("Content-type", "application/json");
 BufferedReader br;
 if(con.getResponseCode() >= 200 && con.getResponseCode() <= 300)
 {
  br = new BufferedReader(new InputStreamReader(conn.getInputStream()));
 } else
 {
  br = new BufferedReader(new InputStreamReader(conn.getErrorStream()));
 }
 String xmlPage="";
 String line;
 while ((line = br.readLine()) != null)
 {
```

```
  xmlPage+=line;
 }
 br.close();
 con.disconnect();
 return xmlPage;
}
```

getItemsPage( ) 메소드를 분석하면 다음과 같다.

```
String serviceKey="...";
StringBuilder urlBuilder =
new StringBuilder("apiurl...");
urlBuilder.append("?" + URLEncoder.encode("ServiceKey","UTF-8")
   + "=" + serviceKey);
urlBuilder.append("&" + URLEncoder.encode("LAWD_CD","UTF-8")
   + "=" + URLEncoder.encode("11350", "UTF-8"));
urlBuilder.append("&" + URLEncoder.encode("DEAL_YMD","UTF-8")
   + "=" + URLEncoder.encode("201705", "UTF-8"));
URL url = new URL(urlBuilder.toString());
```

데이터서버에 접속하기 위한 url을 구축하는 코드이다. 제공받은 서비스키와 필요한 옵션을 "UTF-8" 형식으로 연결한다.

```
HttpURLConnection con = (HttpURLConnection) url.openConnection();
con.setRequestMethod("GET");
con.setRequestProperty("Content-type", "application/json");
```

데이터서버에 접속하는 con 연결 객체를 생성하고, 통신에 필요한 정보를 설정한다.

```
BufferedReader br;
if(con.getResponseCode() == 200)
{
  br =
   new BufferedReader(new InputStreamReader(conn.getInputStream()));
}
else
{
  br =
   new BufferedReader(new InputStreamReader(conn.getErrorStream()));
}
String xmlPage="";
String line;
while ((line = br.readLine()) != null)
{
  xmlPage+=line;
}
```

연결이 성공적으로 이루어지면 데이터를 스트림 형태로 받을 수 있는 BufferedReader 객체를 만들고 줄 단위로 데이터를 받아 xmlPage 문자열에 저장한다.

빅데이터 분석은 수집된 데이터를 수학적 방법으로 분석하여 의미 있는 지식을 추출해나가는 과정이다. chapter 6에서는 이러한 다양한 수학적 방법의 분석모델 중 대표적인 몇 가지를 소개한다. 또한 빅데이터 분석모델을 Java로 구현하기 위한 예제도 소개한다. 분석모델을 구현하기 위해 Apache에서 개발한 오픈소스 도구 Spark를 사용하였다. 이와 더불어, 빅데이터 분석에 많이 사용되는 텍스트데이터 분석을 위한 수학적 이론과 구현 예제도 다룬다.

chapter

6

Java를 이용한 빅데이터 분석방법

1 빅데이터 분석 개요

경영에서의 빅데이터 분석은 외부 데이터를 수집 및 분석하여 경영에 도움이 되는 통찰력을 얻기 위한 활동이라고 볼 수 있다. 빅데이터 분석을 통해 정제된 정보는 제품 개발, 마케팅 기획 및 고객 관리 등에 활용할 수 있다. 기업에서 주로 사용하는 데이터는 회사 내부의 운영 및 고객 데이터, 혹은 웹에 존재하는 다양한 텍스트데이터 등이다. 이러한 데이터를 분석하여 특정 현상에 대한 연관성 및 규칙을 찾아내는 수학적인 계산 법칙을 데이터마이닝(data mining)이라고 한다. 일반적으로 연속데이터와 이산데이터를 분석하는 경우 데이터마이닝이라는 용어를 사용하며, 텍스트데이터를 분석하는 경우는 텍스트마이닝(text mining)이라는 용어를 사용한다. 텍스트마이닝은 텍스트데이터를 다루는 전처리 과정이 추가된 것으로, 연관 및 규칙을 찾아내는 계산 법칙은 일반 데이터마이닝과 동일하다.

데이터마이닝은 수집된 데이터로부터 발견되지 않은 유용한 지식을 찾기 위한 일련의 수학적 계산법칙(알고리즘)을 의미한다. 경영에서 사용되는 데이터마이닝은 주로 아래와 같은 지식을 찾는 활동이다.

지식의 형태	경영에서의 활용 용도
군집화 규칙(clustering rules)	고객군별 타깃 마케팅, 제품 카테고리 구성
연관 규칙(association rules)	상품 추천, 교차판매 대상 상품 선정, 상품 패키지 구성
분류 규칙(classification rules)	고객 이탈 여부 판단, 대출 부적격자 판별

❷ 데이터마이닝 기법의 이해

2-1 군집화

군집화(clustering)는 집단 또는 범주에 대한 사전 정보가 없는 데이터의 경우, 주어진 관측값을 사용하여 전체를 몇 개의 유사한 집단으로 그룹화하여 각 집단의 성격을 파악하는 기법이다. 개별 데이터들이 얼마나 유사한지를 측정하기 위하여 가장 보편적인 방법인 유클리디안 거리(Euclidean distance) 계산법을 사용한다. 아래 그림은 군집화 방법 중 K-Means 알고리즘의 원리를 설명한 그림이다.

K-means 군집분석 단계

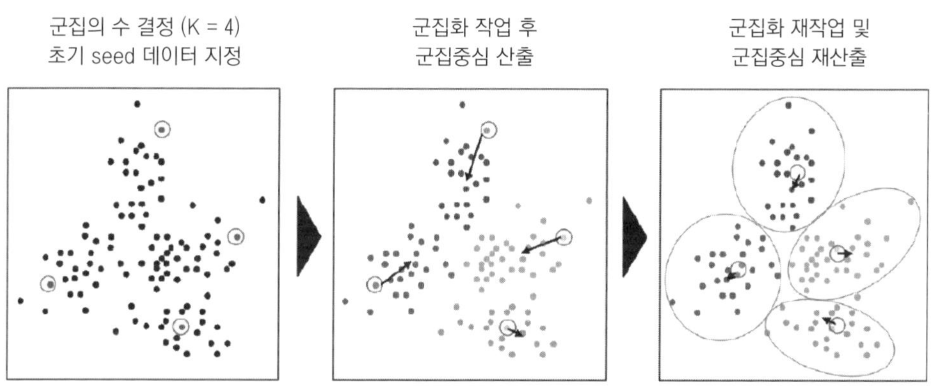

유클리디안 거리 $\sqrt{(x_1 - y_1)^2 + (x_2 - y_2)^2 + \ldots + (x_n - y_n)^2}$

아래 데이터를 이용하여 자동차보험회사에서 보험사기 확률이 높은 고객 그룹을 찾아내는 분석을 K-Means 알고리즘으로 구현해보려고 한다.

고객번호	나이	성별	청구액	범칙금 납부	과거청구횟수	대리인 여부	보험사기 유무(목표변수)
C1	1	1	0.6	1	0.5	0	0
C2	0.9	1	0.64	1	1	1	0
C3	0.05	0	0	0.6	0	0	1
C4	0.8	0	0.24	1	0.5	1	0
C5	0	1	0.88	0	0	0	0
C6	1	1	0.16	0.6	0	0	1
C7	0.9	1	0.46	1	1	1	0
C8	0.65	0	0.5	1	0.5	1	1
C9	0	0	0.74	1	1	1	0
C10	0.3	1	0.48	0	1	1	0

K-Means 알고리즘 순서는 다음과 같다. 알고리즘에서 보험사기 유무 변수의 관측값은 군집화에서 사용하지 않고 결과해석에서만 사용한다.

1단계: 두 고객군의 대표벡터를 랜덤하게 선정한다(고객1과 고객8을 선정).
2단계: 위 대표벡터와의 거리를 계산하여 2개의 그룹으로 분할한다.
3단계: 각 그룹의 평균을 계산하여 대표벡터를 수정한다.
4단계: 대표벡터와의 거리를 다시 계산하여 2개의 그룹으로 분할한다.
5단계: 그룹의 변화가 있으면 3단계로 가서 그룹 수정을 계속한다. 변화가 없으면 정지한다.
6단계: 각 그룹의 특성을 파악하고 활용한다.

결과 그룹 중 보험사기 유무 변수에서 1이 많은 그룹은 보험사기 확률이 높은 그룹이다. 그러므로 새로운 고객 데이터가 입력된 경우 각 그룹의 중심벡터와의 거리를 계산하여 어떤 그룹에 속하는지 판단한다. 사기 확률이 높은 그룹일 경우 보험 청구에 대한 추가

조사를 진행할 수 있다.

아래와 같은 엑셀 수식을 이용하면 K-Means 알고리즘을 실습해볼 수 있다.

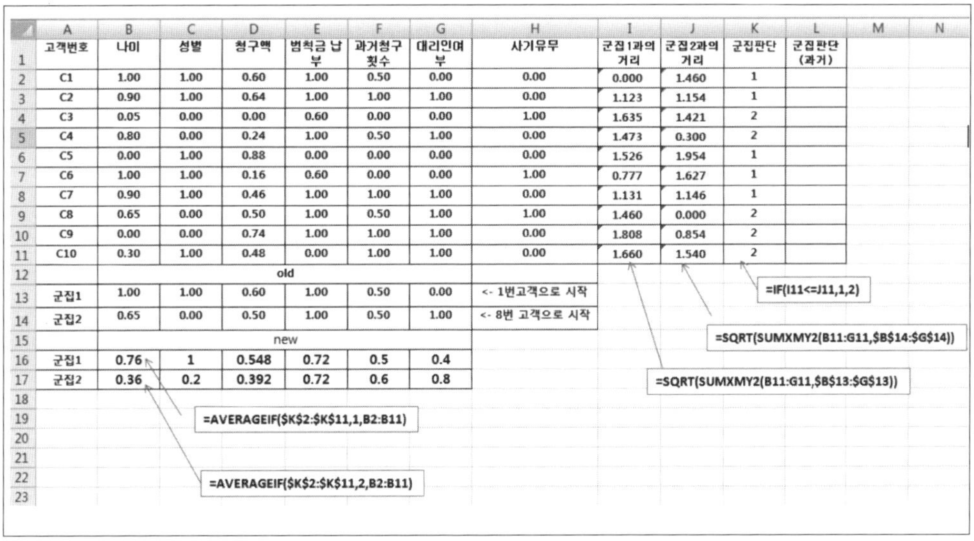

	A	B	C	D	E	F	G	H	I	J	K	L
1	고객번호	나이	성별	청구액	범칙금 납부	과거청구 횟수	대리인여부	사기유무	군집1과의 거리	군집2과의 거리	군집판단	군집판단 (과거)
2	C1	1.00	1.00	0.60	1.00	0.50	0.00	0.00	0.000	1.460	1	
3	C2	0.90	1.00	0.64	1.00	1.00	1.00	0.00	1.123	1.154	1	
4	C3	0.05	0.00	0.00	0.60	0.00	0.00	1.00	1.635	1.421	2	
5	C4	0.80	0.00	0.24	1.00	0.50	1.00	0.00	1.473	0.300	2	
6	C5	0.00	1.00	0.88	0.00	0.00	0.00	0.00	1.526	1.954	1	
7	C6	1.00	1.00	0.16	0.60	0.00	0.00	1.00	0.777	1.627	1	
8	C7	0.90	1.00	0.46	1.00	1.00	1.00	0.00	1.131	1.146	1	
9	C8	0.65	0.00	0.50	1.00	0.50	1.00	1.00	1.460	0.000	2	
10	C9	0.00	0.00	0.74	1.00	1.00	1.00	0.00	1.808	0.854	2	
11	C10	0.30	1.00	0.48	0.00	1.00	1.00	0.00	1.660	1.540	2	
12		old										
13	군집1	1.00	1.00	0.60	1.00	0.50	0.00	<- 1번고객으로 시작				
14	군집2	0.65	0.00	0.50	1.00	0.50	1.00	<- 8번 고객으로 시작				
15		new										
16	군집1	0.76	1	0.548	0.72	0.5	0.4					
17	군집2	0.36	0.2	0.392	0.72	0.6	0.8					

군집분석의 활용 사례는 다음과 같다.

- 카드사에서 고객들을 군집화하여 고객군별로 맞춤형 솔루션 제공
- 프랜차이즈 사업에서 직영하는 여러 매장, 또는 가맹점 중에 유사한 성향을 보이는 매장끼리 군집화하여 차별화 관리
- 은행에서 고객을 군집화하고 고객군 중 부정적인 요인(이탈율 증가 등)을 가진 군집을 대상으로 개선 활동 진행

2-2 상품 추천

최근 인터넷 및 소셜 미디어의 발달로 엄청난 양의 상품정보가 쏟아지고 있다. 그래서 고객에게 효율적으로 상품을 추천하는 개인화 서비스가 많이 사용된다. 상품 추천(recommendation) 시스템은 개인별 상품 선호도 데이터가 확보되면 해당 고객과 비슷한 성향을 가진 고객의 상품 선호도를 참고하여 상품을 추천하는 방식이다. 상품 추천 알고

리즘은 아래 그림처럼 선호 데이터가 없는 고객1의 상품4, 상품5에 대한 선호도를 추정하여 가장 높은 선호도를 가진 상품을 추천하는 방법으로 요약할 수 있다.

	상품1	상품2	상품3	상품4	상품5
고객1	5	5	5	NA	NA
고객2	1	1	1	5	1
고객3	1	1	1	1	5
고객4	5	5	5	5	1
고객5	1	1	1	1	5

상품 추천 알고리즘의 기본 원리는 다음과 같다.

- 위 데이터에서 상품1, 상품2, 상품3에 대한 선호도를 사용하면 각 고객은 3차원 특징벡터로 표현된다.
- 특징벡터를 이용하여 고객1과 가장 유사한 고객을 결정한다. 위 문제에서 유클리디안 거리(Euclidean distance)를 사용하여 유사도를 계산하면 다음과 같다.

	고객1과의 거리
고객1	0.00
고객2	6.93
고객3	6.93
고객4	0.00
고객5	6.93

- 가상 유사한 고객은 고객4이므로, 고객1의 상품4와 5의 선호도 추정값은 상품4(선호도 5), 상품5(선호도 1)가 되고 이 중 가장 높은 값을 가진 상품4를 추천하게 된다.

2-3 나이브베이즈 분류

나이브베이즈 분류(Naive Bayesian classification)는 단순한 확률적 분류법으로 다음과 같은 베이즈 정리(Bayes' theorem)를 응용한 방법이다.

$$p(C \mid x) = \frac{p(C) \cdot p(x \mid C)}{p(x)}$$

$p(C \mid x)$: 관측 x가 분류 C에 속할 확률

$p(C)$: 분류 C가 관측될 확률

$p(x \mid C)$: 분류 C에서 x가 관측될 확률

$p(x)$: 관측 x의 확률

인터넷 기사를 분류하기 위하여 다음과 같은 자료가 있다고 가정하자.

분류1		
기사1	기사2	기사3
단어1	단어1	단어1
단어2	단어5	단어3
단어3	단어6	단어7

분류2		
기사4	기사5	기사6
단어6	단어2	단어4
단어7	단어9	단어9
단어8	단어10	단어10

기사7
단어1
단어2
단어8

기사7이 어떤 부류에 속하는지 판단하기 위하여 나이브베이즈 분류법을 사용해보자. 기사7이 분류1 혹은 분류2일 확률은 베이즈 정리를 이용하여 다음과 같이 표현할 수 있다.

$$p(\text{분류1} \mid \text{기사7}) = \frac{p(\text{분류1}) \cdot p(\text{기사7} \mid \text{분류1})}{p(\text{기사7})}$$

$$p(\text{분류2} \mid \text{기사7}) = \frac{p(\text{분류2}) \cdot p(\text{기사7} \mid \text{분류2})}{p(\text{기사7})}$$

위 확률을 비교하여 분류를 판단하는 것이므로 기사7이 관측될 확률, *p*(기사7)는 무시해도 된다. 그럼 나머지 확률은 다음과 같이 계산할 수 있다.

- *p*(분류1): 분류1이 관측될 확률은 전체 6개의 기사 중 3개가 분류1이므로 3/6으로 계산하여 0.5이다.
- *p*(분류2): 분류2가 관측될 확률은 전체 6개의 기사 중 3개가 분류2이므로 3/6으로 계산하여 0.5이다.
- *p*(기사7|분류1): 분류1 중에 기사7이 관측될 확률은 분류1 중에 기사7에 포함된 단어가 관측될 확률의 합으로 대체하여 사용할 수 있다.
  단어1, 단어2, 단어8의 관측 확률 합은 3/9+1/9+0/9=4/9=0.444이다.
- *p*(기사7|분류2): 분류2 중에 기사7이 관측될 확률은 분류2 중에 기사7에 포함된 단어가 관측될 확률의 합으로 대체하여 사용할 수 있다.
  단어1, 단어2, 단어8의 관측 확률 합은 0/7+1/7+1/7=2/7=0.28이다.

결과적으로 분류1일 확률은 0.5*0.44=0.22, 분류2일 확률은 0.5*0.28=0.14이다. 기사7은 분류1로 분류하는 것으로 최종 결론내린다. 실제로 단어1과 단어2가 분류1에 많이 나타나기 때문에 분류1에 속하는 기사로 보는 것이 타당하다.

3 Spark를 이용한 빅데이터 분석 구현

3-1 Spark 개요

Spark는 Apache 그룹에서 만든 빅데이터 분석 전용 개발 라이브러리이다. 빅데이터 처리의 핵심 기능인 분산처리, 머신러닝, 시각화에 관련된 모든 기능을 포함하고 있다. Spark를 설치하고 필요한 jar 파일을 import하여 빅데이터 처리 프로그램을 쉽게 구현할 수 있다. Spark를 사용하기 전에 JRE 1.8 이상 버전이 설치되어 있는지 확인해야 한다.

Spark는 기본적으로 RDD(Resilient Distributed Dataset) 연산을 통하여 처리 프로그램을 구현할 수 있다. RDD는 Spark에서 사용되는 기본 집합 객체이다. RDD에는 어떤 데이터든 저장될 수 있다. 일반적으로 빅데이터 분석은 많은 데이터를 처리해야 하므로 분산처리가 기본이고, Spark에서 이러한 분산처리는 RDD라는 객체를 이용하여 내부적으로 처리된다. 그러므로 Spark의 모든 작업은 다음과 같은 구조로 표현되어야 한다.

- 준비 단계: 최초 RDD 생성
- 중간 단계: RDD 변환(transformation)
- 최종 단계: 결과를 뽑아내기 위한 RDD 연산(action)

분석 알고리즘은 이러한 변환과 연산으로 표현되어야 한다.

- 변환은 입력 RDD를 이용하여 출력 RDD를 생성해주는 연산이다.
- 연산은 입력 RDD를 이용하여 분석 결과를 출력해주는 방법이다.
- 변환은 RDD 형태로 출력값이 만들어지지만, 연산은 일반 값으로 출력값이 만들어진다.

이러한 변환과 연산은 내부적으로 사용되는 구체적인 함수 구조를 가지고 있으며, 사용자가 지정할 수 있다. 다음 예에서는 filter라는 변환에서 데이터를 필터링하는 방식을 사용자가 지정했다.

```
RDD<String> errors=lines.filter(s -> s.contains("error")
```

여기서 s는 String이고 String 클래스의 contains라는 메소드(특정 단어가 존재하면 true, 아니면 false를 줌)를 filter에서 사용하도록 지정하였다. filter 연산은 특정 조건이 만족되는 데이터를 수집해주는 연산이고, 위 코드는 lines라는 문자열 데이터에서 "error"라는 문자가 존재하는 문자열만 추출해주는 기능을 한다. filter 함수 내의 코드는 Java 8 버전부터 지원되는 람다식(lambda expression)이다.

* Java 람다식(lambda expression)에 대한 이해

Java 8부터 채용하고 있는 람다식 혹은 람다함수는 익명함수(anonymous function)를 말하는 것으로, 분석과 반복이 존재하는 기존 코드를 간결하게 만들어주는 특징이 있다. 문법은 다음과 같다.

(매개변수 목록) -> {실행문}

Java에서 다음과 같은 코드는 1에서 9까지(반복) 숫자출력(분석)해주는 기능을 한다.

```
for (int i = 0; i < 10; i++)
{
  System.out.println(i);
}
```

반복문 for 문을 사용하고, int 변수 i를 0에서부터 9까지 변경하면서 변수값을 화면에 출력한다.

위 코드는 람다식을 이용하여 다음과 같이 간결하게 표현할 수 있다.

```
IntStream.range(0, 10).forEach((int value) -> System.out.println(value));
```

IntStream을 이용하여 0에서 9까지의 int 변수 value를 만들고, 변수값을 화면에 출력한다.
IntStream 메소드 중 range와 forEach가 순차적으로 적용되었다.

또한 아래 코드처럼 람다식에서 자료형을 생략할 수 있다. 컴파일러가 자동으로 자료형을 판단하여 코드가 수행된다.

```
IntStream.range(0, 10).forEach(value -> System.out.println(value));
```

value의 자료형이 없지만 코드가 수행된다.

메소드 레퍼런스 기능도 추가해서 사용하면 아래 코드처럼 더욱 간단하게 표현 가능하다.

```
IntStream.range(0, 10).forEach(System.out::println);
```

forEach 함수에 System.out의 메소드인 println 레퍼런스를 전달해주었다.

3-2 Spark를 이용한 단어빈도 분석 예제

단어빈도 분석 예제(wordcount)는 빅데이터 분석 프로그램에서 자주 사용된다. Spark를 설치하면 아래 경로에서 코드를 확인할 수 있다. 참고로 Spark 설치경로에 한글이 있으면 경로 인식에 문제가 생길 수 있다.

드라이브명: ₩spark-2.4.1-bin-hadoop2.7₩examples₩src₩main₩java₩org₩apache₩spark₩examples₩JavaWordCount.java

실제 Spark를 이용하여 프로그램을 제작하려면 메이븐 프로젝트(Maven project)를 사용해야 하는데 일반적으로 사용되는 Eclipse 개발환경에서 생성 가능하다.

* Maven이란?

Apache 그룹에서 만든 Java용 프로젝트 관리도구로, Java 개발에 필요한 외부 라이브러리 및 옵션 등을 편리하게 관리해준다. pom.xml을 편집해서 필요한 설정을 입력할 수 있다. Java 개발도구인 Eclipse에서 다음과 같이 쉽게 생성해서 사용할 수 있다.

1) Spark 프로젝트 생성

1단계: File > New > Other 메뉴을 선택하면 아래 화면이 나온다. Next 버튼을 누른다.

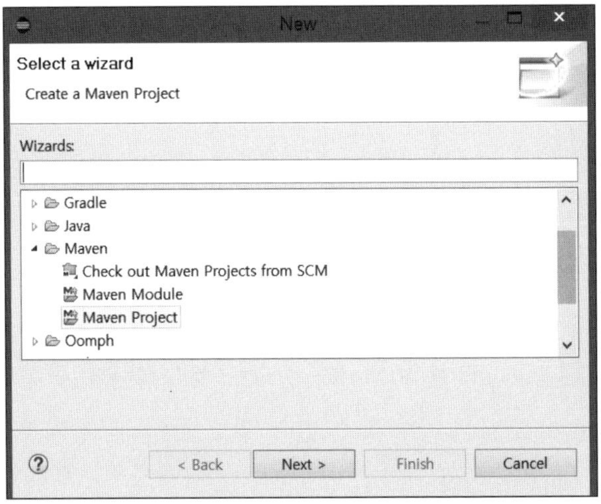

2단계: Create a simple project에 체크하고 Next 버튼을 누른다.

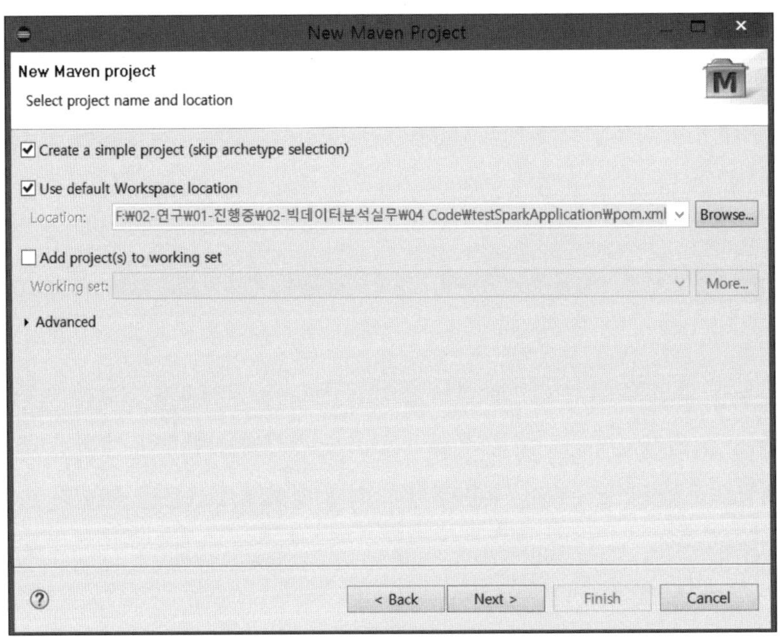

3단계: 프로젝트 속성 입력창에 아래와 같은 값을 입력한다.

Group Id: 개발사 도메인 이름
Artifact Id: 현재 프로젝트 이름
Version: 현재 프로젝트의 버전
Packaging: 결과물의 형태
Name: 프로젝트의 추가 설명문

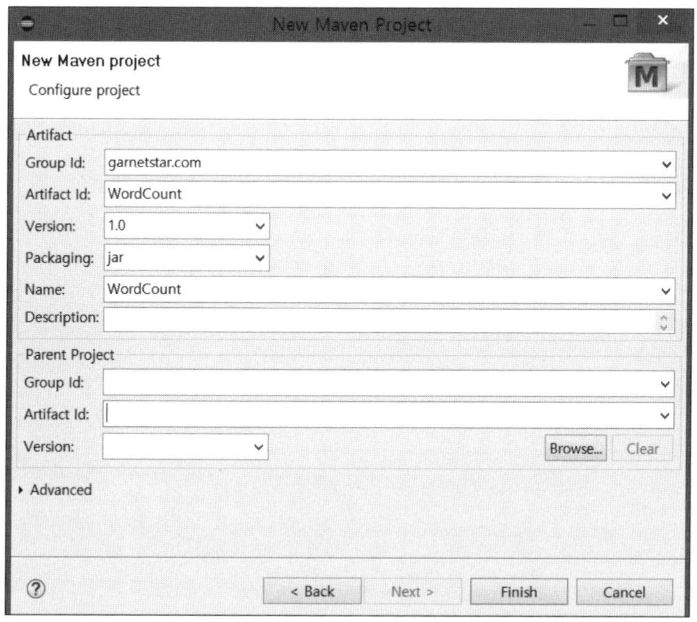

Finish 버튼을 눌러 프로젝트를 생성하고 다음과 같이 JRE 버전을 수정해준다.

생성된 프로젝트에서 JRE System Library에서 우클릭 > Build Path > Configure Build Path를 선택하여 JRE 1.8.*로 변경해준다. 변경하려면 현재 JRE를 Remove 버튼으로 삭제하고, Add Library 버튼을 눌러 JRE System Library > Next > Workspace default JRE > Finish 버튼을 누른다.

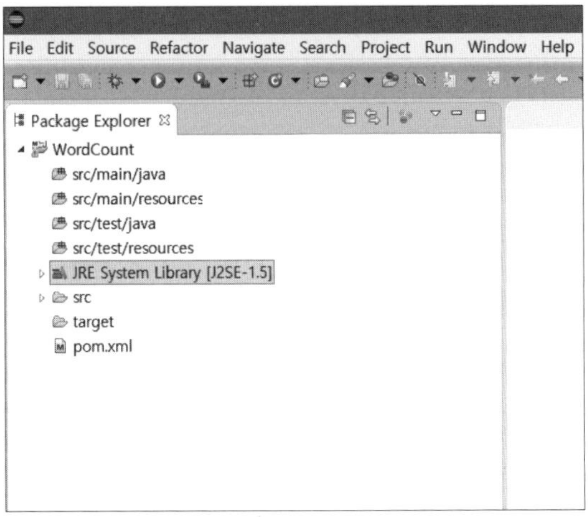

2) pom.xml 작성

아래 세 가지 종류의 내용을 입력한다.

- Spark 라이브러리에 대한 의존관계 설정

```
<dependencies>
        <dependency>
                <groupId>org.apache.spark</groupId>
                <artifactId>spark-core_2.11</artifactId>
                <version>2.4.1</version>
                <scope>provided</scope>
        </dependency>
        <dependency>
                <groupId>org.apache.spark</groupId>
                <artifactId>spark-sql_2.11</artifactId>
                <version>2.4.1</version>
                <scope>provided</scope>
        </dependency>
</dependencies>
```

• 컴파일 중 람다 표현식을 인식 못하므로, 현재 Java 코드가 1.8임을 알려줌

```
<properties>
   <maven.compiler.source>1.8</maven.compiler.source>
   <maven.compiler.target>1.8</maven.compiler.target>
</properties>
```

• 메이븐 컴파일 기능에 대한 설정 입력

```
<build>
  <pluginManagement>
    <plugins>
      <plugin>
        <groupId>org.apache.maven.plugins</groupId>
        <artifactId>maven-compile-plugin</artifactId>
        <version>3.1</version>
        <configuration>
          <source>1.8</source>
          <target>1.8</target>
        </configuration>
      </plugin>
    </plugins>
  </pluginManagement>
</build>
```

3) 코드 추가하고 컴파일하기

아래 그림과 같이 왼쪽 Package Explorer에서 src/main/java를 선택하고 New > Class 메뉴를 선택하여 Java 파일을 추가한다. 이때 public static void main(String[] args)도 체크한다.

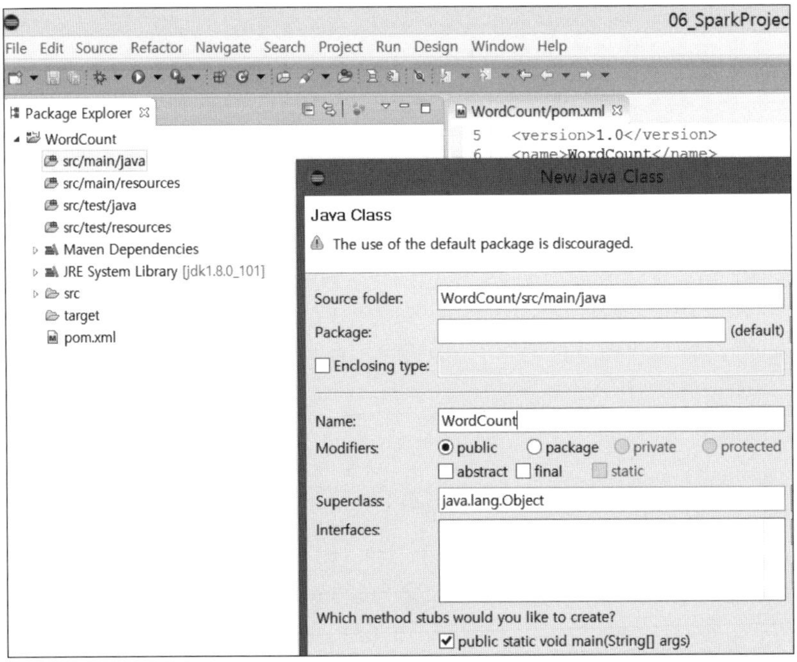

WordCount.java 파일에 다음 코드를 입력한다.

```
import scala.Tuple2;
import org.apache.spark.api.java.JavaPairRDD;
import org.apache.spark.api.java.JavaRDD;
import org.apache.spark.sql.DataFrameReader;
import org.apache.spark.sql.Dataset;
import org.apache.spark.sql.SparkSession;
import java.util.Arrays;
import java.util.List;
import java.util.regex.Pattern;
public class WordCount
```

```
{
  public static void main(String[] args)  throws Exception
  {
    SparkSession.Builder builder=SparkSession.builder();
    builder.appName("JavaWordCount");
    SparkSession spark = builder.getOrCreate();
    DataFrameReader fReader=spark.read();
    Dataset<String> dSet=fReader.textFile("input.txt");
    JavaRDD<String> lines =dSet.javaRDD();
    JavaRDD<String> words
      = lines.flatMap(s -> Arrays.asList(SPACE.split(s)).iterator());
    JavaPairRDD<String, Integer> ones
      = words.mapToPair(s -> new Tuple2<>(s, 1));
    JavaPairRDD<String, Integer> counts
      = ones.reduceByKey((i1, i2) -> i1 + i2);
    List<Tuple2<String, Integer>> output = counts.collect();
    for (Tuple2<?,?> tuple : output)
    {
      System.out.println(tuple._1() + ": " + tuple._2());
    }
    spark.stop();
  }
}
```

프로젝트를 우클릭하여 Run As > Maven Build 메뉴 선택한다. Goals에 clean install compile을 입력하고 Run 버튼을 클릭한다.

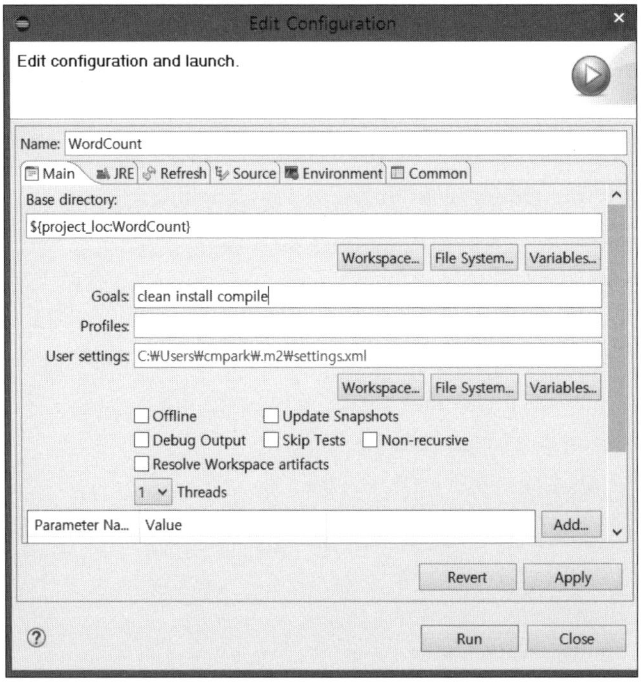

만일 No Compiler is provided in this environment 에러가 생기면 Window > Preferences 메뉴를 클릭하고 Preferences 창에서 Java >Installed JREs를 클릭하여 jre를 아래 그림처럼 설치된 jdk로 설정해준다.

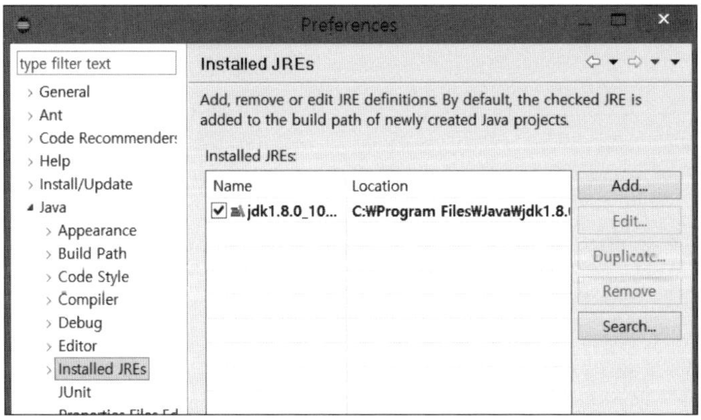

Console 창에 BUILD SUCCESS라고 뜨면 컴파일이 완성되고, 생성된 jar 파일을 Spark에서 실행할 수 있다.

4) Spark에서 WordCount 실행하기

생성된 WordCount-1.0.jar 파일을 c:\spark-2.4.1-bin-hadoop2.7\bin> 폴더에 복사한다. 그리고 다음과 같이 명령문을 실행하면 단일 컴퓨터에서 실행할 수 있다. 실행하기 전 문자열이 저장된 input.txt 파일을 동일 폴더에 복사해둔다.

```
spark-submit --class WordCount WordCount-1.0.jar
```

일반적인 실행 형식은 spark-submit --class 패키지이름.클래스이름 jar파일이름

실행 결과, Spark 구동에 대한 여러 가지 메시지가 뜨면서 아래 그림과 같이 단어빈도수를 출력한다.

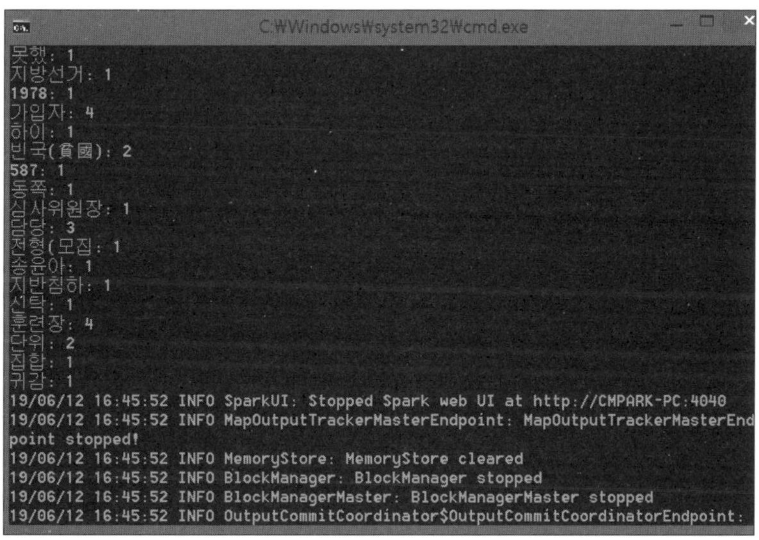

* 실행 오류 참고 사항

Spark 프로그램을 실행하면 winutils.exe 파일을 찾을 수 없다는 오류가 생길 수 있다. 이 경우 아래 사이트에서 hadoop 폴더를 다운로드하고 컴퓨터 특정 위치에 복사한다. 그리고 제어판 > 시스템 > 고급시스템설정 > 환경변수에 사용자 환경변수(변수: HADOOP_HOME, 값: 복사경로)를 등록한다.

https://codeload.github.com/sardetushar/hadooponwindows/zip/master

Spark 실행 중에 불필요한 메시지가 뜨는 것을 없애려면 Spark설치경로\conf 폴더에서 log4j.properties.template을 복사해서 log4j.properties를 만들고 다음과 같이 바꾸어준다.

```
log4j.rootCategory=INFO, console을 log4j.rootCategory=FATAL, console로 수정
(로그 메시지를 FATAL(심각한 오류)만 보여주는 설정으로 변경)
```

이렇게 설정을 바꾸면 윈도우 C:\Users\###\AppData\Local\Temp 디렉터리에서 Spark 실행 관련 파일 삭제하면서 생기는 오류 메시지를 안 보이게 해준다. 이러한 오류는 윈도우에서 Spark를 실행할 때 발생하는 버그로, 만일 반복적으로 실행되는 시스템인 경우 주기적으로 temp 폴더를 삭제해주는 작업이 필요할 수 있다. 다른 OS에서는 이런 문제가 없는 것으로 알려져 있다.

5) WordCount 코드 분석

WordCount 코드에서 Tuple이라는 형식이 사용되었다. Tuple은 2개의 데이터에 짝으로 존재하는 데이터형을 말한다. Python에서 사용되는 데이터 형식인데 Java에는 없지만 Spark Java API에서 제공되는 scala.Tuple2 클래스를 사용하면 된다. 생성하는 방법은 new Tuple2(elem1, elem2) 형식이고 첫 번째 데이터에 접근하기 위해서는 ._1( ) 메소드를, 두 번째 데이터에 접근하기 위해서는 ._2( ) 메소드를 사용한다.

WordCount 코드를 순서대로 분석해보자.

```
import scala.Tuple2;
import org.apache.spark.api.java.JavaPairRDD;
import org.apache.spark.api.java.JavaRDD;
import org.apache.spark.sql.DataFrameReader;
import org.apache.spark.sql.Dataset;
import org.apache.spark.sql.SparkSession;
import java.util.Arrays;
import java.util.List;
import java.util.regex.Pattern;
```

WordCount에서 필요한 외부 라이브러리 기능을 가져오는 코드이다.

```
SparkSession.Builder builder=SparkSession.builder();
builder.appName("WordCount");
SparkSession spark = builder.getOrCreate();
```

SparkSesseion은 Spark 프로그램에서 최초 생성되는 객체이며, 초기 구동을 담당하는 역할을 한다. 최초 Spark 1.0 버전에서는 new SparkContext(new SparkConf())가 사용되었다.

```
DataFrameReader fReader=spark.read();
Dataset<String> dSet=fReader.textFile("input.txt");
JavaRDD<String> lines =dSet.javaRDD();
```

input.txt 파일에서 각 줄을 읽어 lines라는 RDD 객체에 저장한다. input.txt 파일은 임의의 기사를 복사하여 만들면 된다. (RDD 생성)

```
JavaRDD<String> words
= lines.flatMap(s -> Arrays.asList(SPACE.split(s)).iterator());
```

lines 각 문자열을 빈칸으로 나누어서 words 객체에 저장한다. (RDD 변환)

```
JavaPairRDD<String, Integer> ones
= words.mapToPair(s -> new Tuple2<>(s, 1));
```

words의 각 문자열을 이용하여 <문자열, 1> 형태의 <key, value> 데이터를 생성하고, 이런 데이터 집합을 모아서 ones 객체에 저장한다. (RDD 변환)

```
JavaPairRDD<String, Integer> counts
= ones.reduceByKey((i1, i2) -> i1 + i2);
```

ones의 <문자열, 1> 데이터를 이용하여 같은 문자열끼리 모아서 value i1과 i2의 합을 구하여 counts 객체에 저장한다. (RDD 변환)

```
List<Tuple2<String, Integer>> output = counts.collect();
```

counts에서 최종 값을 꺼내어 output 객체에 저장한다. (RDD 연산)

```
for (Tuple2<?,?> tuple : output)
{
   System.out.println(tuple._1() + ": " + tuple._2());
}
```

output 객체에 저장되는 있는 Tuple2형 데이터를 꺼내 화면에 출력한다.

3-3 Spark를 이용한 군집화 예제

1) Spark 프로젝트 생성

– File > New > Other > Maven Project 선택 후 Next 버튼을 누른다.

– Create a simple project를 체크하고 Next 버튼을 누른다.

– 프로젝트 속성 입력창에 다음 값을 입력하고 Finish 버튼을 누른다.

> Group Id: 개발사 도메인 이름 (예: garnetstar.com)
> Artifact Id: Clustering
> Version: 1.0
> Packaging: jar
> Name: Clustering

* 생성된 프로젝트의 jre 버전 수정

– 왼쪽 Package Explore에서 Clustering 프로젝트를 클릭한다.

– JRE System Library 우클릭하여 Build Path > Configure Build Path를 선택하고 현재 JRE를 Remove 버튼으로 삭제한다.

– Add Library 버튼을 눌러 JRE System Library 선택 후 Next 버튼을 누른다.

– Workspace default JRE가 선택된 상태에서 Finish 버튼을 누른다.

2) pom.xml 작성

pom.xml 파일 수정은 WordCount 예제와 동일하게 다음과 같이 진행한다.

- Spark 라이브러리에 대한 의존관계 설정

```
<dependencies>
        <dependency>
                <groupId>org.apache.spark</groupId>
                <artifactId>spark-core_2.11</artifactId>
                <version>2.4.1</version>
                <scope>provided</scope>
        </dependency>
        <dependency>
                <groupId>org.apache.spark</groupId>
                <artifactId>spark-sql_2.11</artifactId>
                <version>2.4.1</version>
                <scope>provided</scope>
        </dependency>
 </dependencies>
```

- 컴파일 중 람다 표현식을 인식하지 못하므로, 현재 Java 코드가 1.8임을 알려줌

```
<properties>
   <maven.compiler.source>1.8</maven.compiler.source>
   <maven.compiler.target>1.8</maven.compiler.target>
</properties>
```

- 메이븐 컴파일 기능에 대한 설정 입력

```
<build>
 <pluginManagement>
  <plugins>
   <plugin>
    <groupId>org.apache.maven.plugins</groupId>
    <artifactId>maven-compile-plugin</artifactId>
    <version>3.1</version>
    <configuration>
     <source>1.8</source>
     <target>1.8</target>
    </configuration>
   </plugin>
  </plugins>
 </pluginManagement>
</build>
```

추가로, 다음과 같은 머신러닝 라이브러리 종속관계를 추가해준다.

```
<dependency>
        <groupId>org.apache.spark</groupId>
        <artifactId>spark-mllib_2.11</artifactId>
        <version>2.4.1</version>
        <scope>provided</scope>
</dependency>
```

3) 코드 추가하고 컴파일하기

Eclipse 화면 왼쪽 Package Explorer에서 src/main/java > New > Class 메뉴를 선택한다. public static new main(String[] args) 체크한 상태에서 Clustering 클래스를 생성하고, 아래 코드를 Clustering.java 파일에 입력한다.

```
import org.apache.spark.SparkConf;
import org.apache.spark.api.java.JavaSparkContext;
import org.apache.spark.api.java.JavaRDD;
import org.apache.spark.mllib.clustering.KMeans;
import org.apache.spark.mllib.clustering.KMeansModel;
import org.apache.spark.mllib.linalg.Vector;
import org.apache.spark.mllib.linalg.Vectors;
import org.apache.spark.sql.DataFrameReader;
import org.apache.spark.sql.Dataset;
import org.apache.spark.sql.SparkSession;
public class Clustering
{
  public static void main(String[] args)
  {
    SparkSession.Builder builder=SparkSession.builder();
    builder.appName("Clustering");
    SparkSession spark = builder.getOrCreate();

    DataFrameReader fReader=spark.read();
    Dataset<String> dSet=fReader.textFile("kmeans_data.txt");
    JavaRDD<String> data =dSet.javaRDD();
    JavaRDD<Vector> parsedData = data.map(s -> {
     String[] sarray = s.split(" ");
     double[] values = new double[sarray.length];
     for (int i = 0; i < sarray.length; i++)
     {
      values[i] = Double.parseDouble(sarray[i]);
     }
     return Vectors.dense(values);
    });
```

```
    parsedData.cache();
    int numClusters = 2;
    int numIterations = 20;
    KMeansModel clusters
      = KMeans.train(parsedData.rdd(), numClusters, numIterations);
    System.out.println("Cluster centers:");
    for (Vector center: clusters.clusterCenters())
    {
      System.out.println(" " + center);
    }
    spark.stop();
  }
}
```

프로젝트를 우클릭하여 Run As > Maven Build 메뉴를 선택한다. Goals에 clean install compile이라고 입력하고 Run 버튼을 클릭하여 컴파일을 수행한다. 아래 Console 창에 BUILD SUCCESS라고 뜨면 컴파일이 완성되고, 생성된 jar 파일을 Spark에서 실행할 수 있다.

4) Spark에서 Clustering 실행

생성된 Clustering-1.0.jar 파일을 Spark설치폴더/bin에 복사하고 다음과 같이 명령문을 실행한다. 실행하기 전 필요한 데이터는 Spark설치폴더/data/mllib에 있는 kmeans_data.txt 파일을 사용한다. 파일에는 다음과 같이 6개의 특징벡터가 저장되어 있다.

```
0.0 0.0 0.0
0.1 0.1 0.1
0.2 0.2 0.2
9.0 9.0 9.0
9.1 9.1 9.1
9.2 9.2 9.2
```

실행 명령문은 다음과 같다.

```
spark-submit --class Clustering Clustering-1.0.jar
```

실행 결과는 아래 그림과 같이 클러스터 2개의 중심벡터를 표시해준다.

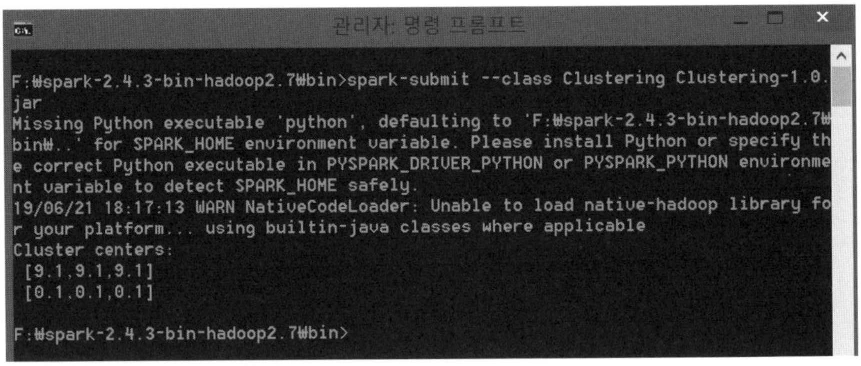

5) Clustering 코드 분석

```
import org.apache.spark.SparkConf;
import org.apache.spark.api.java.JavaSparkContext;
import org.apache.spark.api.java.JavaRDD;
import org.apache.spark.mllib.clustering.KMeans;
import org.apache.spark.mllib.clustering.KMeansModel;
import org.apache.spark.mllib.linalg.Vector;
import org.apache.spark.mllib.linalg.Vectors;
import org.apache.spark.sql.DataFrameReader;
import org.apache.spark.sql.Dataset;
import org.apache.spark.sql.SparkSession;
```

Clustering 프로그램에서 필요한 외부 라이브러리 기능을 가져오는 코드이다.

```
SparkSession.Builder builder=SparkSession.builder();
builder.appName("Clustering");
SparkSession spark = builder.getOrCreate();
```

SparkSesseion은 Spark 프로그램에서 최초 생성되는 객체이며, 초기 구동을 담당하는 역할을 한다. 최초 Spark 1.0 버전에서는 new SparkContext(new SparkConf())가 사용되었다.

```
DataFrameReader fReader=spark.read();
Dataset<String> dSet=fReader.textFile("kmeans_data.txt");
JavaRDD<String> data =dSet.javaRDD();

JavaRDD<Vector> parsedData = data.map(s -> {
  String[] sarray = s.split(" ");
  double[] values = new double[sarray.length];
  for (int i = 0; i < sarray.length; i++)
  {
    values[i] = Double.parseDouble(sarray[i]);
  }
  return Vectors.dense(values);
});
parsedData.cache();
```

데이터를 읽어서 벡터를 RDD 형식으로 paresedData에 저장한다. RDD의 map이라는 변환기능을 사용하였다. 이때 사용되는 내부함수 로직은 다음과 같다.

① 문자열을 " "로 구분하여 나눈다.
② 각 문자를 double 실수형으로 변환하여 배열에 저장한다.
③ 배열을 Dense Vector 형식으로 반환해준다.

벡터는 Spark에서 사용되는 벡터 형식이며 Dense Vector와 Sparse Vector 형식으로 저장된다. 0이 많은 벡터는 저장 효율을 위해 Sparse Vector 형식을 사용하며 일반적인 벡터는 Dense Vector를 사용한다.
마지막 cache 함수는 RDD에 대한 저장방식을 기본 저장방식(MEMORY_ONLY)으로 설정하는 함수이다.

```
KMeansModel clusters
 = KMeans.train(parsedData.rdd(), numClusters, numIterations);
System.out.println("Cluster centers:");
for (Vector center: clusters.clusterCenters())
{
    System.out.println(" " + center);
}
spark.stop();
```

클러스터 수(numClusters)와 학습반복횟수(numIterations)를 설정하고 KMeans 군집화 모델을 학습 후 각 군집의 중심벡터를 화면에 출력한다. Spark 연산이 종료되고 stop을 호출한다.

3-4 Spark를 이용한 상품 추천 예제

Spark에서는 성능이 우수한 협업 필터링 방법인 교대최소제곱법(Alternation Least Squares, ALS)을 사용하고 있다. 최초 학습에 필요한 [사용자-상품]에 대한 점수를 입력하면 알려지지 않은 [사용자-상품]에 대한 점수를 예측하고 특정 사용자에게 상품을 추천해주는 기능을 제공한다.

1) Spark 프로젝트 생성

- File > New > Other > Maven Project 선택 후 Next 버튼을 누른다.
- Create a simple project를 체크하고 Next 버튼을 누른다.
- 프로젝트 속성 입력창에 다음 값을 입력하고 Finish 버튼을 누른다.

Group Id: 개발사 도메인 이름 (예: garnetstar.com)
Artifact Id: Recommendation
Version: 1.0
Packaging: jar
Name: Recommendation

＊ 생성된 프로젝트의 jre 버전 수정

– 왼쪽 Package Explore에서 Recommendation 프로젝트를 클릭한다.
– JRE System Library를 우클릭하여 Build Path > Configure Build Path를 선택하고 현재 JRE를 Remove 버튼으로 삭제한다.
– Add Library 버튼을 눌러 JRE System Library 선택 후 Next 버튼을 누른다.
– Workspace default JRE가 선택된 상태에서 Finish 버튼을 누른다.

2) pom.xml 작성

pom.xml 파일은 Clustering 예제와 동일하게 다음과 같이 진행한다.

• Spark 라이브러리에 대한 의존관계 설정

```
<dependencies>
        <dependency>
                <groupId>org.apache.spark</groupId>
                <artifactId>spark-core_2.11</artifactId>
                <version>2.4.1</version>
                <scope>provided</scope>
        </dependency>
        <dependency>
                <groupId>org.apache.spark</groupId>
                <artifactId>spark-sql_2.11</artifactId>
                <version>2.4.1</version>
                <scope>provided</scope>
        </dependency>
      <dependency>
              <groupId>org.apache.spark</groupId>
              <artifactId>spark-mllib_2.11</artifactId>
              <version>2.4.1</version>
              <scope>provided</scope>
      </dependency>
  </dependencies>
```

• 컴파일 중 람다 표현식을 인식 못하므로, 현재 Java 코드가 1.8임을 알려줌

```
<properties>
  <maven.compiler.source>1.8</maven.compiler.source>
  <maven.compiler.target>1.8</maven.compiler.target>
</properties>
```

• 메이븐 컴파일 기능에 대한 설정 입력

```
<build>
 <pluginManagement>
  <plugins>
   <plugin>
    <groupId>org.apache.maven.plugins</groupId>
    <artifactId>maven-compile-plugin</artifactId>
    <version>3.1</version>
    <configuration>
      <source>1.8</source>
      <target>1.8</target>
    </configuration>
   </plugin>
  </plugins>
 </pluginManagement>
</build>
```

3) 코드 추가하고 컴파일하기

Eclipse 화면 왼쪽 Package Explorer에서 src/main/java > New > Class 메뉴를 선택한다. public static new main(String[] args)을 체크한 상태에서 Recommendation 클래스를 생성하고, 아래 코드를 Recommendation.java 파일에 입력한다.

필요한 import 문은 다음과 같다.

```
import org.apache.spark.SparkConf;
import org.apache.spark.api.java.JavaRDD;
import org.apache.spark.api.java.JavaSparkContext;
import org.apache.spark.api.java.function.Function;
import org.apache.spark.mllib.recommendation.ALS;
import org.apache.spark.mllib.recommendation.MatrixFactorizationModel;
import org.apache.spark.mllib.recommendation.Rating;
import java.util.Arrays;
import java.util.regex.Pattern;
import scala.Tuple2;
```

메인 클래스 코드는 다음과 같다.

```
public final class Recommendation
{
 static class ParseRating implements Function<String, Rating>
 {
  private static final Pattern COMMA = Pattern.compile(",");
  public Rating call(String line)
  {
   String[] tok = COMMA.split(line);
   int x = Integer.parseInt(tok[0]);
   int y = Integer.parseInt(tok[1]);
   double rating = Double.parseDouble(tok[2]);
   return new Rating(x, y, rating);
  }
 }
 public static void main(String[] args)
 {
  SparkSession.Builder builder=SparkSession.builder();
  builder.appName("Recommendation");
  SparkSession spark = builder.getOrCreate();
  DataFrameReader fReader=spark.read();
  Dataset<String> dSet=fReader.textFile("preference.txt");
```

```
  JavaRDD<String> lines =dSet.javaRDD();
  JavaRDD<Rating> ratings = lines.map(new ParseRating());
  int rank = 5; int iterations = 10;int blocks = -1;
  MatrixFactorizationModel model
   = ALS.train(ratings.rdd(), rank, iterations, 0.01, blocks);
  System.out.println("user 1, product 4 prediction="+model.predict(1,4));
  System.out.println("user 1, product 5 prediction="+model.predict(1,5));
  System.out.print("product recommendations for user 1: ");
  Rating[] recommendations = model.recommendProducts(1,5);
  for (Rating rating : recommendations)
  {
    System.out.print(rating.product()+">");
  }
  spark.stop();
 }
}
```

프로젝트를 우클릭하여 Run As > Maven Build 메뉴 선택한다. Goals에 clean install compile이라고 입력하고 Run 버튼을 클릭하여 컴파일을 수행한다. 아래 Console 창에 BUILD SUCCESS라고 뜨면 컴파일이 완성되고, 생성된 jar 파일을 Spark에서 실행할 수 있다.

4) Spark에서 Recommendation 실행

생성된 Recommendation-1.0.jar 파일을 Spark설치폴더/bin에 복사하고 다음과 같이 명령문을 실행한다. 실행하기 전 필요한 데이터는 preference.txt 파일을 사용한다. 파일에는 다음과 같이 5명의 사용자와 5개 상품에 대한 점수가 저장되어 있다.

```
1, 1, 5.0
1, 2, 5.0
1, 3, 5.0
2, 1, 1.0
2, 2, 1.0
2, 3, 1.0
2, 4, 5.0
2, 5, 1.0
3, 1, 1.0
3, 2, 1.0
3, 3, 1.0
3, 4, 1.0
3, 5, 5.0
4, 1, 5.0
4, 2, 5.0
4, 3, 5.0
4, 4, 5.0
4, 5, 1.0
5, 1, 1.0
5, 2, 1.0
5, 3, 1.0
5, 4, 1.0
5, 5, 5.0
```

왼쪽 데이터의 형식은 [사용자, 상품번호, 점수]를 나타내며 실제 아래와 같은 데이터를 하나하나 줄 단위로 표현한 것이다.

	상품1	상품2	상품3	상품4	상품5
사용자1	5	5	5	NA	NA
사용자2	1	1	1	5	1
사용자3	1	1	1	1	5
사용자4	5	5	5	5	1
사용자5	1	1	1	1	5

사용자1에 대한 상품4, 5의 점수는 없으므로 왼쪽 데이터에는 포함되어 있지 않다. 추천 모델을 이용하여 상품4, 5에 대한 점수 예측을 하여 상품을 추천할 수 있다.

실행 명령문은 다음과 같다.

```
spark-submit --class Recommendation Recommendation-1.0.jar
```

실행 결과는 아래 그림과 같이 상품4, 5에 대한 점수 예측치를 구해주고, 사용자1에게 적합한 상품 5개를 순서대로 추천해준다. 추천 상품 중에 1, 2, 3은 현재 점수가 있으므로 이미 구매한 상품이라고 간주하면, 가장 유력한 추천 상품은 4번 상품인 것을 확인할 수 있다.

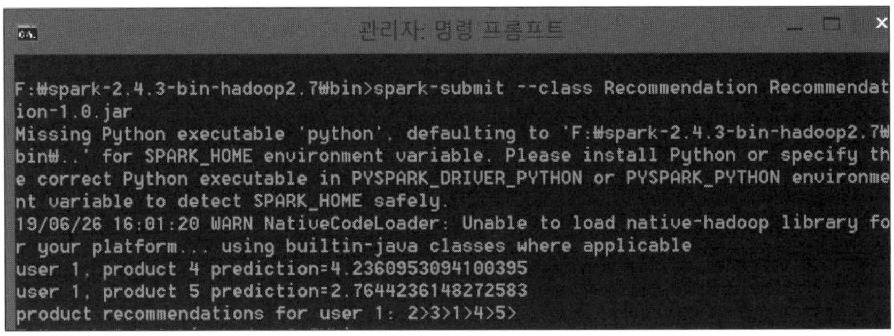

5) Recommendation 코드 분석

```
import org.apache.spark.SparkConf;
import org.apache.spark.api.java.JavaRDD;
import org.apache.spark.api.java.JavaSparkContext;
import org.apache.spark.api.java.function.Function;
import org.apache.spark.mllib.recommendation.ALS;
import org.apache.spark.mllib.recommendation.MatrixFactorizationModel;
import org.apache.spark.mllib.recommendation.Rating;
import java.util.Arrays;
import java.util.regex.Pattern;
import scala.Tuple2;
```

Recommendation 프로그램에서 필요한 외부 라이브러리 기능을 가져오는 코드이다.

```
SparkSession.Builder builder=SparkSession.builder();
builder.appName("Recommendation");
SparkSession spark = builder.getOrCreate();
```

SparkSesseion은 Spark 프로그램에서 최초 생성되는 객체이며, 초기 구동을 담당하는 역할을 한다. 최초 Spark 1.0 버전에서는 new SparkContext(new SparkConf())가 사용되었다.

```
DataFrameReader fReader=spark.read();
Dataset<String> dSet=fReader.textFile("preference.txt");
JavaRDD<String> lines =dSet.javaRDD();
JavaRDD<Rating> ratings = lines.map(new ParseRating());
```

preference.txt 파일을 읽어서 각 줄을 [사용자, 상품, 점수] 행태로 분석하여 RDD에 저장하는 코드이다. RDD의 map 변환을 사용하였고, map에서 사용되는 함수 형태는 ParseRating이라는 객체에 정의하여 넘겨주었다. map에서 사용되는 데이터 처리 로직은 함수를 전달하거나 객체를 전달하여 설정할 수 있는데, 간단한 것은 함수로 전달하고 좀 복잡한 것은 아래 예처럼 객체를 전달하여 표현한다.

```
static class ParseRating implements Function<String, Rating>
{
  private static final Pattern COMMA = Pattern.compile(",");
  public Rating call(String line)
  {
    String[] tok = COMMA.split(line);
    int x = Integer.parseInt(tok[0]);
    int y = Integer.parseInt(tok[1]);
    double rating = Double.parseDouble(tok[2]);
    return new Rating(x, y, rating);
  }
}
```

map에서 사용하는 데이터 처리 로직을 표현하기 위한 객체이다. 내용은 문자열을 콤마로 구분하고, 첫 번째를 x(사용자번호), 두 번째를 y(상품번호), 세 번째를 점수로 변환하였다. 이러한 데이터를 Rating이라는 객체로 묶어 반환하는 로직을 표현한다.

```
int rank = 5; int iterations = 10;int blocks = -1;double lambda=0.01;
MatrixFactorizationModel model
  = ALS.train(ratings.rdd(), rank, iterations, lambda, blocks);
```

상품 추천 모델(model 객체)을 ALS를 이용하여 생성한다. rank는 특징벡터사이즈 크기인데 현재 5명의 사용자와 5개의 상품을 사용하고 있으므로 최댓값 5를 사용하였다. 5보다 작은 값을 사용하면 속도가 빨라지지만 정확도가 떨어질 수 있다. iterations은 학습반복횟수이며 기본값 10을 사용하였다. blocks는 병렬처리 옵션인데 -1을 주면 자동으로 알아서 해준다. lambda는 정규화 옵션이고 기본값 0.01을 사용한다.

```
System.out.println("user 1, product 4 prediction="+model.predict(1,4));
System.out.println("user 1, product 5 prediction="+model.predict(1,5));
System.out.print("product recommendations for user 1: ");
Rating[] recommendations = model.recommendProducts(1,5);
for (Rating rating : recommendations)
{
   System.out.print(rating.product()+">");
}
```

사용자1과 상품4에 대한 점수를 예측하여 화면에 출력한다.
사용자1과 상품5에 대한 점수를 예측하여 화면에 출력한다.
model.recommendProducts(1,5)은 1번 사용자에 대한 5개의 상품 추천을 실행하고 그 결과를 Rating[] 배열로 받게 된다. 각각의 추천에서 상품번호를 연속해서 찍어준다. rating 객체에서 상품번호를 가져오는 기능은 rating.product()이다.

3-5 Spark를 이용한 분류 예제

Spark에서는 제공하는 분류 알고리즘 중 나이브베이즈(Naive Bayes) 모델을 이용하여 붓꽃 데이터로부터 종을 예측하는 예제를 만들어보자.

1) Spark 프로젝트 생성

- File > New > Other > Maven Project 선택 후 Next 버튼을 누른다.
- Create a simple project에 체크하고 Next 버튼을 누른다.
- 프로젝트 속성 입력창에 다음 값을 입력하고 Finish 버튼을 누른다.

> Group Id: 개발사 도메인 이름 (예: garnetstar.com)
> Artifact Id: Classification
> Version: 1.0
> Packaging: jar
> Name: Classification

*** 생성된 프로젝트의 jre 버전 수정**

– 왼쪽 Package Explore에서 Classification 프로젝트를 클릭한다.
– JRE System Library를 우클릭하여 Build Path > Configure Build Path를 선택하고 현재 JRE를 Remove 버튼으로 삭제한다.
– Add Library 버튼을 눌러 JRE System Library 선택 후 Next 버튼을 누른다.
– Workspace default JRE가 선택된 상태에서 Finish 버튼을 누른다.

2) pom.xml 작성

pom.xml 파일은 recommendation 예제와 동일하게 다음과 같이 진행한다.

• Spark 라이브러리에 대한 의존관계 설정

```
<dependencies>
        <dependency>
                <groupId>org.apache.spark</groupId>
                <artifactId>spark-core_2.11</artifactId>
                <version>2.4.1</version>
                <scope>provided</scope>
        </dependency>
        <dependency>
                <groupId>org.apache.spark</groupId>
                <artifactId>spark-sql_2.11</artifactId>
                <version>2.4.1</version>
                <scope>provided</scope>
        </dependency>
     <dependency>
             <groupId>org.apache.spark</groupId>
             <artifactId>spark-mllib_2.11</artifactId>
             <version>2.4.1</version>
             <scope>provided</scope>
     </dependency>
 </dependencies>
```

- 컴파일 중 람다 표현식을 인식 못하므로, 현재 Java 코드가 1.8임을 알려줌

```
<properties>
   <maven.compiler.source>1.8</maven.compiler.source>
   <maven.compiler.target>1.8</maven.compiler.target>
</properties>
```

- 메이븐 컴파일 기능에 대한 설정 입력

```
<build>
  <pluginManagement>
    <plugins>
      <plugin>
        <groupId>org.apache.maven.plugins</groupId>
        <artifactId>maven-compile-plugin</artifactId>
         <version>3.1</version>
         <configuration>
            <source>1.8</source>
            <target>1.8</target>
        </configuration>
      </plugin>
    </plugins>
  </pluginManagement>
</build>
```

3) 코드 추가하고 컴파일하기

Eclipse 화면 왼쪽 Package Explorer에서 src/main/java > New > Class 메뉴를 선택한다. public static new main(String[] args)에 체크한 상태에서 Classification 클래스를 생성하고, 아래 코드를 Classification.java 파일에 입력한다.

```
import scala.Tuple2;
import org.apache.spark.api.java.JavaPairRDD;
import org.apache.spark.api.java.JavaRDD;
import org.apache.spark.api.java.JavaSparkContext;
import org.apache.spark.mllib.classification.NaiveBayes;
import org.apache.spark.mllib.classification.NaiveBayesModel;
import org.apache.spark.mllib.regression.LabeledPoint;
import org.apache.spark.mllib.util.MLUtils;
import org.apache.spark.SparkConf;

public class Classification
{
 public static void main(String[] args)
 {
  SparkSession.Builder builder=SparkSession.builder();
  builder.appName("Classification");
  SparkSession spark = builder.getOrCreate();
  JavaRDD<LabeledPoint> inputData =
   MLUtils.loadLibSVMFile(spark.sparkContext(), "iris_libsvm.txt").
   toJavaRDD();
  JavaRDD<LabeledPoint>[] tmp =
   inputData.randomSplit(new double[]{0.6, 0.4});
  JavaRDD<LabeledPoint> training = tmp[0]; // training set
  JavaRDD<LabeledPoint> test = tmp[1]; // test set
  NaiveBayesModel model = NaiveBayes.train( training.rdd() );
  JavaPairRDD<Double, Double> predictictionAndLabel =
   test.mapToPair(p -> new Tuple2<>(model.predict(p.features()),
   p.label()));
  long success=predictionAndLabel.filter( pl->pl._1().equals(pl._2())
   ).count();
  double accuracy = success/(double)test.count();
  System.out.println("accuracy = "+accuracy);
  spark.stop();
 }
}
```

프로젝트를 우클릭하여 Run As > Maven Build 메뉴를 선택한다. Goals에 clean install compile이라고 입력하고 Run 버튼을 클릭하여 컴파일을 수행한다. 아래 Console 창에 BUILD SUCCESS라고 뜨면 컴파일이 완성된 것으로, 생성된 jar 파일을 Spark에서 실행할 수 있다.

4) Spark에서 Classification 실행

생성된 Classification-1.0.jar 파일을 Spark설치폴더/bin에 복사하고 다음과 같이 명령문을 실행한다. 실행하기 전 F:\spark-2.4.3-bin-hadoop2.7\data\mllib 폴더에 있는 iris_libsvm.txt 파일을 사용한다. 파일에는 다음과 같이 세 종류의 꽃에 대한 꽃잎 길이, 폭, 꽃받침 길이, 폭 측정치가 저장되어 있다.

```
0.0 1:5.1 2:3.5 3:1.4 4:0.2
0.0 1:4.9 2:3.0 3:1.4 4:0.2
0.0 1:4.7 2:3.2 3:1.3 4:0.2
...
1.0 1:7.0 2:3.2 3:4.7 4:1.4
1.0 1:6.4 2:3.2 3:4.5 4:1.5
1.0 1:6.9 2:3.1 3:4.9 4:1.5
...
2.0 1:6.3 2:3.3 3:6.0 4:2.5
2.0 1:5.8 2:2.7 3:5.1 4:1.9
2.0 1:7.1 2:3.0 3:5.9 4:2.1
```

실행 명령문은 다음과 같다.

```
spark-submit -class Classification Classification-1.0.jar
```

실행 결과는 아래 그림과 같이 테스트 데이터에 대한 분류 정확도를 표시해준다.

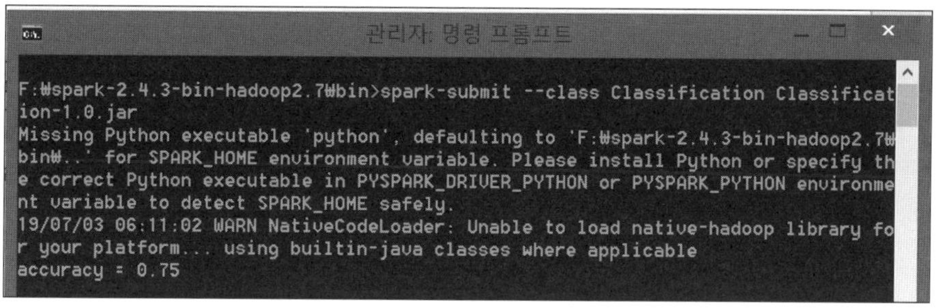

5) Classification 코드 분석

```
import scala.Tuple2;
import org.apache.spark.api.java.JavaPairRDD;
import org.apache.spark.api.java.JavaRDD;
import org.apache.spark.api.java.JavaSparkContext;
import org.apache.spark.mllib.classification.NaiveBayes;
import org.apache.spark.mllib.classification.NaiveBayesModel;
import org.apache.spark.mllib.regression.LabeledPoint;
import org.apache.spark.mllib.util.MLUtils;
import org.apache.spark.SparkConf;
```

Classification 프로그램에서 필요한 외부 라이브러리 기능을 가져오는 코드이다.

```
SparkSession.Builder builder=SparkSession.builder();
builder.appName("Classification");
SparkSession spark = builder.getOrCreate();
```

SparkSesseion은 Spark 프로그램에서 최초 생성되는 객체이며, 초기 구동을 담당하는 역할을 한다. 최초 Spark 1.0 버전에서는 new SparkContext(new SparkConf())가 사용되었다.

```
JavaRDD<LabeledPoint> inputData
 = MLUtils.loadLibSVMFile(spark.sparkContext(), "iris_libsvm.txt").
toJavaRDD();
```

"iris_libsvm.txt" 파일을 읽어 LabeledPoint 객체로 변환하여 RDD 집합을 만든다. loadLibSVMFile() 함수는 다음과 같은 LabeledPoint 객체 형식의 벡터 데이터를 가져오는 기능을 제공한다.
라벨 차원1:값1 차원2:값2 차원3:값3

```
JavaRDD<LabeledPoint>[] tmp
  = inputData.randomSplit(new double[]{0.6, 0.4});
JavaRDD<LabeledPoint> training = tmp[0]; // training set
JavaRDD<LabeledPoint> test = tmp[1]; // test set
```

inputData에서 랜덤하게 데이터를 추출하여 60%는 학습용 데이터(training)에 저장하고, 40%는 성능 테스트용 데이터(test)에 저장하는 코드이다.

```
NaiveBayesModel model = NaiveBayes.train(training.rdd());
```

나이브베이즈 분류 모델을 생성하는 코드이다.

```
JavaPairRDD<Double, Double> predictionAndLabel
  = test.mapToPair(
    p -> new Tuple2<>(model.predict(p.features()) , p.label() )
   );
```

model.predict(p.features())는 테스트 데이터의 벡터를 이용하여 붓꽃종을 예측하는 코드이다.
test 집합에 mapToPair()라는 변환기능을 사용한다. test 안에 있는 데이터 p를 이용하여 [종 예측값, 실제 종] 집합을 생성하여 predictionAndLabel에 저장한다.

```
JavaPairRDD<Double,Double> correctPredictions
 = predictionAndLabel.filter( pl->pl._1().equals(pl._2()) );
long successCount=correctPredictions.count();
double accuracy = successCount/(double)test.count();
System.out.println("accuracy = "+accuracy);
```

predictionAndLabel의 filter 기능을 이용하여 종 예측값과 실제 종이 같은 데이터만 모아서 correctPredictions에 저장한다. 그리고 count() 기능으로 종 예측이 적중한 데이터 개수를 구하고 전체 데이터 수로 나누어 예측정확도를 계산하여 출력한다.

3-6 Spark 분석 모델의 저장과 불러오기

데이터 분석 모델은 최초 학습시간이 길고 메모리를 많이 사용하는 객체이다. 그러므로 매번 생성하고 학습하는 것보다 최초 한 번만 학습하고 파일에 저장한 수를 필요할 때 불러와서 사용하는 것이 효율적이다. Spark에서 사용하는 모든 분석 모델은 아래 코드와 같이 특정 폴더에 저장할 수 있으며, 다시 불러올 때는 저장된 폴더를 지정해주면 된다. 실제 모델 폴더를 열어보면 data와 metadata 폴더에 모델 관련 파일들이 저장된 것을 확인할 수 있다.

Spark 프로그램에 필수인 SparkSession을 생성하고, 분류 분석모델을 학습한 후 MyModel이라는 폴더에 저장한다.

```
SparkSession.Builder builder=SparkSession.builder();
builder.appName("Classification");
SparkSession spark = builder.getOrCreate();
// 이곳에 모델 생성 및 학습코드를 만든다.
model.save(spark.sparkContext(), "MyModel");
```

Spark 프로그램에 필수인 SparkSession을 생성하고, 나이브베이즈 분류 모델을 MyModel이라는 폴더에서 불러온다.

```
SparkSession.Builder builder=SparkSession.builder();
builder.appName("Classification");
SparkSession spark = builder.getOrCreate();
NaiveBayesModel model = NaiveBayesModel.load(jsc.sc(), "MyModel");
// model을 이용하여 데이터 분석을 수행한다.
```

4 텍스트마이닝(text mining)

일반적인 텍스트는 수학적인 분석에 적합하지 않은 형태이므로 분석을 위한 사전 작업이 필요하다. 먼저 불필요한 문장기호와 의미 없는 조사를 제거하는 작업을 해야 한다. 또한 분석에 따라 명사, 형용사, 부사 및 동사만 추출해야 하는 경우도 있다. 신문기사를 분류하거나 스팸메일을 분류하고자 하는 분석에는 명사만 추출하는 것이 효율적일 것이고, 감성분석(sentiment analysis)인 경우에는 형용사를 추출하는 것이 필요할 수도 있다. 이러한 전처리 과정은 언어적 특성에 기반하여 수행되어야 하므로 한국어 문자는 한국어에 적합한 텍스트 전처리 도구를 사용하여야 하고, 영어는 영어를 위한 텍스트 전처리 도구를 사용해야 한다.

필요한 단어를 추출했다고 해서 바로 분석을 수행할 수 있는 것은 아니다. 앞서 소개한 데이터마이닝 기법들은 모두 수학적 방법론이기 때문에 텍스트 데이터를 숫자로 변환해주는 작업이 필요하다.

4-1 텍스트 전처리 예제

웹 사이트에서 수집한 기사가 있고, 여기서 명사만 추출하는 작업을 해보자. 한국어 전처리 도구 중 카이스트에서 개발한 한나눔 한국어형태소분석기(HanNanum)를 사용할 것이다. 이 도구는 인터넷 사이트 https://kldp.net/hannanum에서 다운로드할 수 있다.

사이트에서 release/를 클릭하면 하단에 가장 최근 버전의 zip 파일을 다운로드할 수 있다. zip 파일을 풀고 폴더를 보면 다음과 같은 구조로 되어 있다.

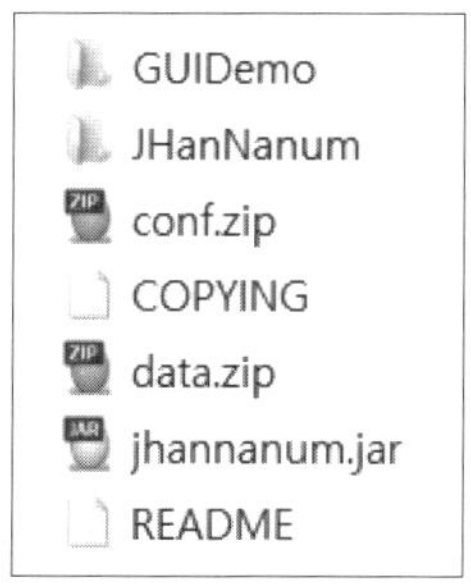

간단하게 한나눔 한국어형태소분석기를 사용하려면 jhannanum.jar 파일과 JHanNanum 폴더에 있는 conf 폴더와 data 폴더가 필요하다.

1) 명사 추출 프로젝트 생성

- File > New > Java Project 선택 후 Project Name을 NounExtractor라고 입력한 다음 Finish 버튼을 누른다.
- 생성된 프로젝트 폴더에 jhannanum.jar 파일과 conf 폴더와 data 폴더를 복사한다.
- 생성된 프로젝트에서 우클릭하여 Build Path > Configure Build Path 메뉴를 클릭한 다음, Libraries 탭에서 Add External JARs 버튼을 누르고 다음 그림과 같이 이전에 복사한 jhannanum.jar 파일을 등록한다.

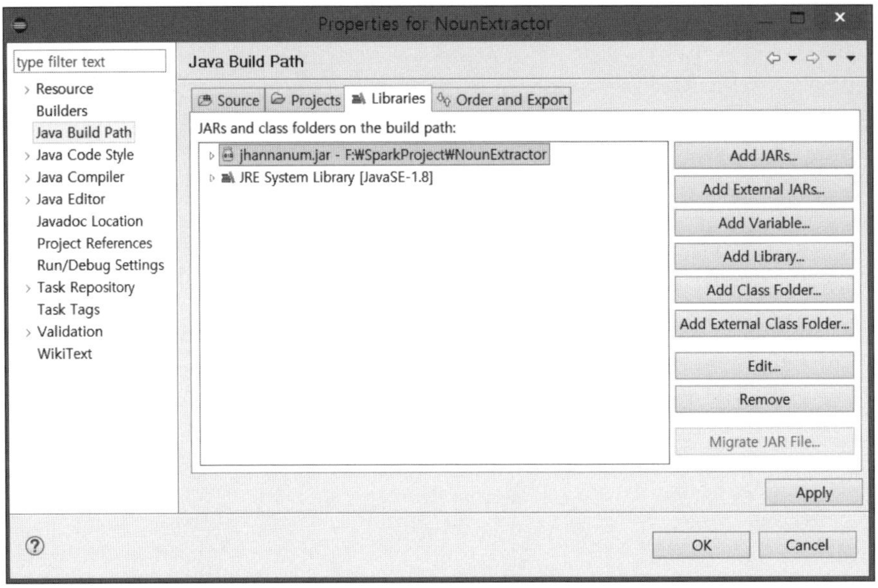

– 생성된 프로젝트에서 우클릭하여 properties 메뉴를 클릭하면 다음과 같은 속성창이 열린다. resource 설정에서 text file encoding을 UTF-8로 설정한다.

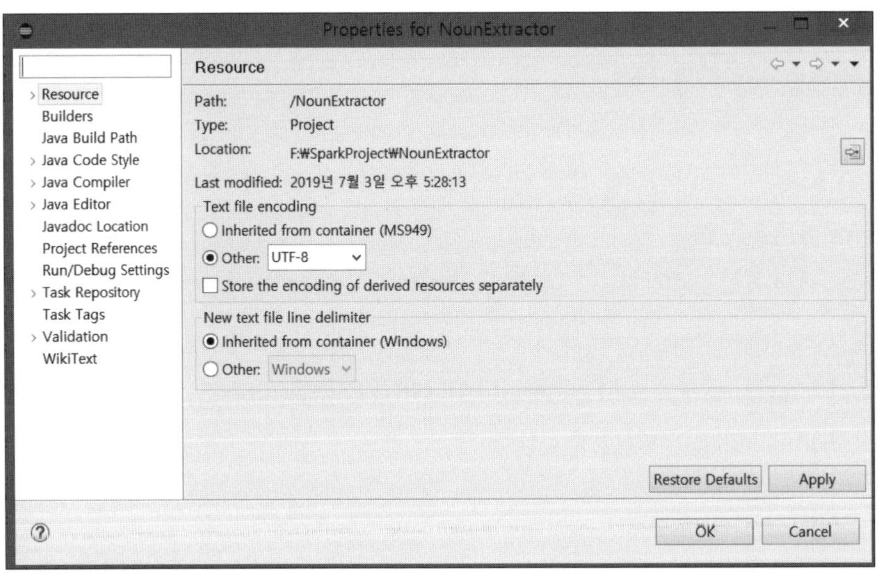

2) 코드 추가하기

Eclipse 화면 왼쪽 Package Explorer에서 New > Class 메뉴를 선택한다. public static new main(String[] args)을 체크한 상태에서 NounExtractor 클래스를 생성하고, 아래 코드를 NounExtractor.java 파일에 입력한다.

필요한 import 문은 다음과 같다.

```
import java.util.LinkedList;
import java.util.Vector;
import java.io.*;
import kr.ac.kaist.swrc.jhannanum.comm.Eojeol;
import kr.ac.kaist.swrc.jhannanum.comm.Sentence;
import kr.ac.kaist.swrc.jhannanum.hannanum.Workflow;
import kr.ac.kaist.swrc.jhannanum.hannanum.WorkflowFactory;
```

main( ) 메소드 코드는 다음과 같다.

```
public static void main(String[] args) throws Exception,Exception
{
  Workflow workflow = WorkflowFactory.getPredefinedWorkflow(
    WorkflowFactory.WORKFLOW_NOUN_EXTRACTOR);
  workflow.activateWorkflow(false);
  BufferedReader in = new BufferedReader(new FileReader("news.txt"));
  OutputStreamWriter out
    =new  OutputStreamWriter(new FileOutputStream("noun.txt"));
  String inText= in.readLine();
  while(inText!=null)
  {
    if(inText.length()==0) continue;
    String outText="";
    workflow.analyze(inText);
    LinkedList<Sentence> sentences
        = workflow.getResultOfDocument(new Sentence(0, 0, false));
```

```
    for (Sentence s : sentences)
    {
        Eojeol[] Eojeols = s.getEojeols();
        for (Eojeol e : Eojeols)
        {
          String[] morphemes = e.getMorphemes();
          for (String n : morphemes) outText+=n+" ";
        }
    }
    outText+="\r\n";
    out.write(outText);
    inText=in.readLine();
   }
   workflow.close();
   in.close();
   out.close();
 }
}
```

3) 기사 파일을 만들고 실행하기

아래 기사 내용을 news.txt 파일로 프로젝트 폴더에 저장한다. 인코딩은 UTF-8로 저장한다.

> 지난 11월 23일 2018학년도 대학 수학능력시험이 치러졌다. 지진 때문에 한 주일 연기됐지만, 다행히 별 탈 없이 종료되었다. 고3 수험생과 학부모들은 너무나 큰 부담감을 가지고 입시 지옥을 견뎌낸다. 지금은 대학생인 나도 작년 이맘때를 생각하면 아직도 떨린다. 아마도 수능에, 대학 입시에 인생의 모든 것이 달린 것처럼 보이게 하는 교육과 입시제도 때문일 것이다.

Eclipse 메뉴에서 Run을 클릭하여 실행한다.

다음과 같이 명사만 추출한 결과파일(noun.txt)이 프로젝트 폴더에 만들어진 것을 확인한다.

```
지난 11 월 23 2018 학년 대학 수학능력시험 지진 때문 주일 연기 종료 고3 수험생 학부모 들 부담 감 입시 지옥 지금 대학생 나 작년 이맘때 생각 수능 대학 입시 인생 것 것 교육과 입시제도 때문 것
```

4) 코드 분석하기

```
import java.util.LinkedList;
import java.io.*;
import kr.ac.kaist.swrc.jhannanum.comm.Eojeol;
import kr.ac.kaist.swrc.jhannanum.comm.Sentence;
import kr.ac.kaist.swrc.jhannanum.hannanum.Workflow;
import kr.ac.kaist.swrc.jhannanum.hannanum.WorkflowFactory;
```

한나눔 한국어형태소분석기를 사용하기 위해서 필요한 외부 라이브러리 기능을 가져오는 코드이다.

```
Workflow workflow  =
WorkflowFactory.getPredefinedWorkflow(
 WorkflowFactory.WORKFLOW_NOUN_EXTRACTOR
);
workflow.activateWorkflow(false);
```

한나눔 한국어형태소분석기를 사용하기 위해 작업 절차를 지정해주어야 한다. 간단한 분석은 사전에 정의된 절차를 불러와서 사용할 수 있다. 위 예제에서는 개발자가 제공하는 명사추출작업(WORKFLOW_NOUN_EXTRACTOR)을 불러와서 사용했다.

```
BufferedReader in =
 new BufferedReader(new FileReader("CultureNews.txt"));
OutputStreamWriter out =
 new OutputStreamWriter(new FileOutputStream("CultureNewsNoun.txt"));
```

문자열을 읽는 파일객체와 결과를 저장할 파일객체를 생성한다.

```
String inText= in.readLine();
while(inText!=null){
  if(inText.length()==0) continue;
  //.. 여기에 분석코드가 위치함
  inText=in.readLine();
}
```

파일에서 한 줄씩 읽어서 처리하는 코드로 while 문을 이용해서 반복한다.

```
workflow.analyze(inText);
LinkedList<Sentence> sentences
   = workflow.getResultOfDocument(new Sentence(0, 0, false));
```

읽어온 문자열(inText)의 한국어 형태소 분석을 진행하고, 각각의 문장을 sentences 변수에 순서대로 저장한다.

```
for (Sentence s : sentences)
{
  Eojeol[] Eojeols = s.getEojeols();
  for (Eojeol e : Eojeols)
  {
    String[] morphemes = e.getMorphemes();
    for (String n : morphemes)
       if(n.length()>1) outText+=n+" ";
  }
}
```

각각 문장에서 명사를 추출하는 코드이다.
1단계: 각 문장에서 어절을 분리하여 Eojeols 변수에 저장한다.
2단계: 각 어절에서 형태소를 분리하여 morphemes 변수에 저장한다. 분석 절차에서 명사추출을 사용하였으므로 각 형태소에는 명사만 존재한다.
3단계: 각 명사를 임시문자열(outText)에 저장한다.

```
outText+="\r\n";
out.write(outText,0,outText.length());
```

임시문자열에 줄바꿈표시(\r\n)를 해주고 출력파일에 저장한다.

4-2 워드클라우드를 이용한 문서 시각화

워드클라우드(wordcloud)는 텍스트마이닝에서 많이 사용하는 시각화 도구이다. 텍스트에서 단어들의 출현 빈도를 구한 다음, 빈도가 높을수록 큰 글자로 구성된 이미지로 만들어 화면에 나타내준다. wordcloud.kr 사이트에서 쉽게 워드클라우드 이미지를 생성할 수 있다.

- 마스크: 오른쪽에 나타난 하트모양 외에도 다양한 모양의 워드클라우드 이미지를 생성할 수 있다.
- 크기: 생성되는 이미지 크기를 정할 수 있다.
- 단어수: 보여줄 단어의 최댓값을 정할 수 있다.
- 키워드: 강조할 특정 단어를 최대 3개 입력할 수 있다.
- 텍스트: 분석할 문자열을 입력한다. 단어출현 빈도수를 계산하여 빈도수가 높은 단어는 크게 표시된다.

4-3 문서를 벡터로 변환하기(TF-IDF)

데이터마이닝 기법은 특정 관측치 데이터를 수학적인 방법으로 분석하여 분류, 예측하는 과정이다. 그러므로 분석대상은 벡터 형식의 수치데이터로 표현되어야 한다. 그런데 텍스트마이닝에서 다루는 문서는 수치데이터가 아니므로 변환이 필요하다. 원래 문자는 코드값으로 표현되므로 전체 문서를 코드값으로 표현하여 수치화할 수 있다. 그러나 이렇게 하면 너무 큰 수치데이터가 만들어져서 수학적인 방법을 적용하기 곤란해진다. 그래서 텍스트마이닝에서는 문서와 문서에 사용된 단어를 이용한 TF-IDF(Term Frequency-Inverse Document Frequency) 방법을 사용한다. TF-IDF를 사용하면 특정 문서를 고유한 벡터로 표현할 수 있다.

아래 문서 4개의 예를 살펴보자. 각 문서에서 사용된 단어를 분석하면 총 8개가 사용된 것을 알 수 있다.

		사용된 단어번호						
문서번호	D1	W1	W2	W3	W4	W8		
	D2	W1	W2	W2	W5	W6		
	D3	W1	W5	W6	W7			
	D4	W1	W4	W5	W6	W7	W7	W7

각 문서에서 사용된 단어의 출현 빈도를 이용하여 아래 그림과 같이 8차원의 벡터를 표현할 수 있다.

		해당문서에서의 단어빈도수							
		W1	W2	W3	W4	W5	W6	W7	W8
문서번호	D1	1	1	1	1	0	0	0	1
	D2	1	2	0	0	1	1	0	0
	D3	1	0	0	0	1	1	1	0
	D4	1	0	0	1	1	1	3	0

위 예시의 경우 모든 문서에서 자주 발견되는 단어에는 가중치(0~1 사이의 값)를 주어서 영향력을 줄이는 것이 효율적일 것이다. 아래 그림을 보면 W1, W2, W5, W6이 상대적으로 많이 나타나는 단어이다.

단어의 전체빈도수							
W1	W2	W3	W4	W5	W6	W7	W8
4	3	1	2	3	3	4	1

이처럼 전체 빈도가 높은 단어에 대해서는 문서 분류 시 영향력을 덜 가지도록 다음과 같은 특징값 계산식을 사용할 수 있다.

	W1	W2	W3	W4	W5	W6	W7	W8
D1	해당문서에서의 단어빈도수 * LOG(전체문서개수/단어의 전체빈도수)							
D2								
D3								
D4								

이 식을 사용하여 문서를 TF-IDF 벡터로 표현하면 다음 그림과 같다. W1, W2, W5, W6 벡터값이 상대적으로 작아진 것을 확인할 수 있다.

	TF-IDF 특징벡터							
	W1	W2	W3	W4	W5	W6	W7	W8
D1	0.000	0.125	0.602	0.301	0.000	0.000	0.000	0.602
D2	0.000	0.250	0.000	0.000	0.125	0.125	0.000	0.000
D3	0.000	0.000	0.000	0.000	0.125	0.125	0.000	0.000
D4	0.000	0.000	0.000	0.301	0.125	0.125	0.000	0.000

4-4 Spark를 이용한 문서 벡터 변환

다음과 같이 뉴스 사이트에서 "정치"와 "문화" 키워드로 각각 15개의 기사를 수집하여 중요 단어만 추출하였다.

"정치" 관련 15개 기사의 주요 단어 리스트(파일명: PoliticsNewsNouns.txt)	
1	국회의원 국회의장 정의 국회의원 원내 대표 국회 의원회관 사무실 협박 소포 배달
2	국회의원 반도체 클러스터 추진 중요한지 깨달았다 정치인 반도체 소재 부품 장비 경쟁력 강화 대책 발표
3	대통령 탄핵 비등점 서울역 우파 인사 태극 대통령 하야 탄핵 반대
4	정의 국회의원 원내 대표 흉기 협박편지 택배 배달 경찰 수사 서울 영등포 경찰서
5	자유한국당 바른미래당 정부 북한 목선 삼척항 입항 귀순 사건 합동 조사 결과 발표 의혹 불식 부족
6	더불어민주당 정치인 민주 연구 원장 위주 행정 시민 눈높이 행정 원장 충남 부여
7	더불어민주당 대표 내년 국회의원 선거 문재 정권 성공 마무리 재집권 기반
8	정개특위 위원장 가닥 일부 지지자 사개특위 위원장 주장 변수 더불어민주당 국회 정치개혁 특별위원회 사법개혁 특별위원회
9	리얼 미터 여론조사 개월 국무총리 정치인 대표 대선 선호도 여론조사 개월
10	비핵화 협상 진척 개성공단 금강산 관광 재개되길 국회의원 민주노총 위원장 구속 수사 능사 반문 공안 편견 시각
11	정치인 무능 좌파 복지 정책 민낯 먹튀케어 자유한국당 국회의원 대표 문재 대통령 전날 문재 케어 시행 성과 평가
12	국회의원 자유한국당 대표 당내 중진 의원 경제 문화계 원로 접촉 보수 진영
13	국회의원 국회의장 정책연구 원장 서울 여의 음식 오찬 간담회 국회 신뢰도 제고 공동 연구 연말
14	보수 정치인 탐욕 존재 묘사 정치 드라마 자유한국당 난감 부패 정치인 보수 정당 소속
15	더불어민주당 국회 정치개혁 특위 사법개혁 특위 위원장 자리 딜레마 민주 지난달 합의

"문화" 관련 15개 기사의 주요 단어 리스트(파일명: CultureNewsNoun.txt)	
1	부 미덕 가난 악덕 주장 재테크 서적 발굴 이익 추구 조선시대 통념 거부 상업 필요
2	영국인 사랑 오스틴 장편소설 각색 연극 편견 센터
3	미국 듀오 클로 멤버 베일리 디즈니 실사 영화 인어공주 주인공 낙점 현지시각 미국 영화 전문
4	커뮤니케이션 한국외대 교수 문화체육관 광부 해외 문화 홍보 외교
5	이름 사람 작품 십중팔구 반응 건물 지난해 서울시 건축상 대상 서울 삼성동
6	여자 사랑 성공 죽음 눈물 미술 상징 언제나
7	바네사 굴드 감독 영화 뉴욕타임스 부고 담당 기자 이야기 다큐멘터리
8	여름 소설 김애란 산문집 이름 열림원 여름 한창 가득 여름 출간
9	한국신문 협회 신문 구독료 소득공제 도입 정책제안 기획 재정 문화 광부 전달 신문 협회 제안서
10	도널드 트럼프 대통령의 장녀 이방 트럼프 백악관 선임 고문 방한 당시 한국 디자이너 브랜드 문화
11	디즈니 영화 알라딘 극장가 가운데 프랑스 영화 국내 개봉 알라딘2 바그다드 스캔들 후속
12	히트 뮤지컬 지킬앤하이드 주간 샤롯데씨어터 서울 앵콜 공연 서울 공연 성황리
13	전통 흡수 창작 뮤지컬 시조 폭발 스웨그 에이 조선 고리타분
14	달밤 한복 차림 여인 창 뒤편 건물 외벽 전체 영상 투사 작품
15	기내 영화 전투기 추락 비행기 테러 여객기 추락 클린트 이스트우드 감독

1) Spark 프로젝트 생성

– File > New > Other > Maven Project 선택 후 Next 버튼을 누른다.

– Create a simple project를 체크하고 Next 버튼을 누른다.

– 프로젝트 속성 입력창에 다음 값을 입력하고 Finish 버튼을 누른다.

> Group Id: 개발사 도메인 이름 (예: garnetstar.com)
> Artifact Id: TFIDF
> Version: 1.0
> Packaging: jar
> Name: TFIDF

＊ 생성된 프로젝트의 jre 버전 수정

– 왼쪽 Package Explore에서 TFIDF 프로젝트를 클릭한다.
– JRE System Library를 우클릭하여 Build Path > Configure Build Path를 선택하고 현재 JRE를 Remove 버튼으로 삭제한다.
– Add Library 버튼을 눌러 JRE System Library 선택 후 Next 버튼을 누른다.
– Workspace default JRE가 선택된 상태에서 Finish 버튼을 누른다.

2) pom.xml 작성

pom.xml 파일은 다른 Spark 예제와 동일하게 다음과 같이 진행한다.

• spark 라이브러리에 대한 의존관계 설정

```
<dependencies>
        <dependency>
                <groupId>org.apache.spark</groupId>
                <artifactId>spark-core_2.11</artifactId>
                <version>2.4.1</version>
                <scope>provided</scope>
        </dependency>
        <dependency>
                <groupId>org.apache.spark</groupId>
                <artifactId>spark-sql_2.11</artifactId>
                <version>2.4.1</version>
                <scope>provided</scope>
        </dependency>
     <dependency>
             <groupId>org.apache.spark</groupId>
             <artifactId>spark-mllib_2.11</artifactId>
             <version>2.4.1</version>
             <scope>provided</scope>
     </dependency>
 </dependencies>
```

- 컴파일 중 람다 표현식을 인식 못하므로, 현재 Java 코드가 1.8임을 알려줌

```
<properties>
   <maven.compiler.source>1.8</maven.compiler.source>
   <maven.compiler.target>1.8</maven.compiler.target>
</properties>
```

- 메이븐 컴파일 기능에 대한 설정 입력

```
<build>
  <pluginManagement>
    <plugins>
      <plugin>
        <groupId>org.apache.maven.plugins</groupId>
        <artifactId>maven-compile-plugin</artifactId>
        <version>3.1</version>
        <configuration>
          <source>1.8</source>
          <target>1.8</target>
        </configuration>
      </plugin>
    </plugins>
  </pluginManagement>
</build>
```

3) 코드 추가하고 컴파일하기

Eclipse 화면 왼쪽 Package Explorer에서 src/main/java > New > Class 메뉴를 선택한다. public static new main(String[] args)에 체크한 상태에서 TFIDF 클래스를 생성하고, 코드를 TFIDF.java 파일에 입력한다.

필요한 import 문은 다음과 같다.

```
import java.util.Arrays;
import java.util.List;
import java.io.FileOutputStream;
import java.io.Exception;
import java.io.OutputStreamWriter;
import java.util.ArrayList;
import org.apache.spark.SparkConf;
import org.apache.spark.api.java.JavaRDD;
import org.apache.spark.api.java.JavaSparkContext;
import org.apache.spark.ml.feature.HashingTF;
import org.apache.spark.ml.feature.IDF;
import org.apache.spark.ml.feature.IDFModel;
import org.apache.spark.ml.feature.Tokenizer;
import org.apache.spark.ml.linalg.SparseVector;
import org.apache.spark.ml.linalg.Vector;
import org.apache.spark.ml.linalg.Vectors;
import org.apache.spark.sql.DataFrameReader;
import org.apache.spark.sql.DataFrameWriter;
import org.apache.spark.sql.Dataset;
import org.apache.spark.sql.Row;
import org.apache.spark.sql.RowFactory;
import org.apache.spark.sql.SparkSession;
import org.apache.spark.sql.types.DataTypes;
import org.apache.spark.sql.types.Metadata;
import org.apache.spark.sql.types.StructField;
import org.apache.spark.sql.types.StructType;
```

TFIDF 클래스 코드는 다음과 같다.

```
public class TFIDF
{
 public static void main(String[] args) throws Exception
 {
   SparkSession.Builder builder=SparkSession.builder();
   builder.appName("TFIDF");
   SparkSession spark = builder.getOrCreate();

   DataFrameReader fileReader=spark.read();
   Dataset<String> wordSet1=fileReader.textFile("PoliticsNewsNoun.txt");
   Dataset<String> wordSet2=fileReader.textFile("CultureNewsNoun.txt");
   JavaRDD<String> lines1 =wordSet1.javaRDD();
   JavaRDD<String> lines2 =wordSet2.javaRDD();
   JavaRDD<Row> data1 = lines1.map( s -> {return RowFactory.create(0.0,s);} );
   JavaRDD<Row> data2 = lines2.map( s -> {return RowFactory.create(1.0,s);} );
   JavaRDD<Row> allData=data1.union(data2);

   StructType schema = new StructType(new StructField[]{
    new StructField("label", DataTypes.DoubleType, false, Metadata.
    empty()),
    new StructField("sentence", DataTypes.StringType, false, Metadata.
    empty())
   });
   Dataset<Row> sentenceData = spark.createDataFrame(allData, schema);
   Tokenizer tokenizer = new Tokenizer();
   tokenizer=tokenizer.setInputCol("sentence").setOutputCol("words");
   Dataset<Row> wordsData = tokenizer.transform(sentenceData);

   int numFeatures = 20;
   HashingTF hashingTF = new HashingTF();
   hashingTF=hashingTF.setInputCol("words").setOutputCol("rawFeatures");
   hashingTF=hashingTF.setNumFeatures(numFeatures);
   Dataset<Row> featurizedData = hashingTF.transform(wordsData);
```

```
  IDF idf = new IDF();
  idf=idf.setInputCol("rawFeatures").setOutputCol("features");
  IDFModel idfModel = idf.fit(featurizedData);
  Dataset<Row> rescaledData = idfModel.transform(featurizedData);

  OutputStreamWriter out
   =new OutputStreamWriter(new FileOutputStream("DocumentVectors.txt"));
  for(Row row:rescaledData.collectAsList())
  {
        SparseVector sv=(SparseVector)row.get(4);
        Double k=(Double)row.get(0);
        out.write(k+" ");
        int[] index=sv.indices();
        double[] values=sv.values();
        for(int i=0;i<index.length;i++)
        {
          out.write(index[i]+1+":"+(float)values[i]+" ");
        }
        out.write("\r\n");
  }
  out.close();
  spark.stop();
 }
}
```

프로젝트를 우클릭하여 Run As > Maven Build 메뉴를 선택한다. Goals에 clean install compile이라고 입력하고 Run 버튼을 클릭하여 컴파일을 수행한다. 아래 Console 창에 BUILD SUCCESS라고 뜨면 컴파일이 완성되고, 생성된 jar 파일을 Spark에서 실행할 수 있다.

4) Spark에서 TFIDF 실행

생성된 TFIDF-1.0.jar 파일을 Spark설치폴더/bin에 복사하고 다음과 같이 명령문을 실행한다. 실행하기 전에 앞서 소개한 2개의 데이터 파일(PoliticsNewsNoun.txt, CultureNewsNoun.txt)을 준비한다.

실행 명령문은 다음과 같다.

```
spark-submit -class TFIDF TFIDF-1.0.jar
```

실행 후 다음과 같은 문서 벡터파일이 생성된다. 벡터는 20차원의 Sparse Vector 형식으로 출력된다. 아래 형식으로 각 기사에 존재하는 단어에 대한 차원 데이터만 출력된다.

분류번호 차원번호:벡터값 차원번호:벡터값 ……

DocumentVectors.txt - 메모장

파일(F) 편집(E) 서식(O) 보기(V) 도움말(H)

```
0.0 2:0.9490805 4:1.1314021 5:0.79492986 6:0.87650985 9:0.43825492 10:0.54361546 11:1.958193
0.0 3:0.9490805 6:0.87650985 7:0.6007739 8:1.898161 10:0.54361546 11:0.48954824 12:0.6613985
0.0 1:0.86903787 5:0.79492986 8:0.9490805 11:0.48954824 12:0.6613985 13:0.9790965 16:1.20154
0.0 5:0.79492986 6:0.43825492 7:0.6007739 9:0.43825492 10:0.54361546 11:0.9790965 13:0.48954
0.0 4:2.2628043 7:0.6007739 8:1.898161 11:0.48954824 12:0.6613985 13:0.48954824 14:1.0360919
0.0 1:0.86903787 3:0.9490805 4:1.1314021 6:1.3147647 8:1.898161 10:1.0872309 11:0.48954824 1
0.0 2:0.9490805 3:0.9490805 5:0.79492986 6:0.43825492 8:0.9490805 9:0.43825492 11:0.48954824
19:0.9490805
0.0 1:0.86903787 6:0.87650985 7:0.6007739 8:0.9490805 9:0.43825492 10:1.6308464 12:0.6613985
0.0 1:1.7380757 6:0.43825492 9:1.3147647 15:0.79492986 16:0.6007739 17:0.9490805 18:1.589859
0.0 1:0.86903787 3:1.898161 4:1.1314021 7:1.2015477 9:0.43825492 10:1.0872309 11:0.9790965 1
0.0 1:0.86903787 3:1.898161 4:1.1314021 5:2.3847897 6:0.87650985 9:0.87650985 10:0.54361546
0.0 3:0.9490805 6:0.43825492 7:0.6007739 9:0.43825492 11:0.9790965 13:1.4686446 17:0.9490805
0.0 1:1.7380757 2:0.9490805 5:0.79492986 6:1.3147647 8:0.9490805 9:0.43825492 11:0.48954824
0.0 3:1.898161 6:0.87650985 7:0.6007739 8:0.9490805 12:1.9841955 13:0.48954824 14:1.0360919
0.0 1:1.7380757 6:0.87650985 11:0.9790965 12:0.6613985 14:1.0360919 15:1.5898597 20:1.898161
1.0 2:0.9490805 3:0.9490805 8:0.9490805 9:0.43825492 10:0.54361546 11:0.48954824 14:1.036091
18:0.79492986 20:1.898161
1.0 5:0.79492986 6:0.43825492 7:0.6007739 9:0.87650985 13:0.48954824 16:0.6007739 18:0.79492
1.0 1:0.86903787 2:0.9490805 3:1.898161 4:1.1314021 5:1.5898597 7:1.2015477 9:1.3147647 10:0
1.0 7:0.6007739 9:0.43825492 10:0.54361546 12:0.6613985 13:0.48954824 14:1.0360919 15:0.7949
1.0 5:0.79492986 6:0.43825492 7:0.6007739 9:0.43825492 10:0.54361546 13:0.9790965 15:1.58985
1.0 1:0.86903787 5:1.5898597 10:0.54361546 13:0.48954824 14:1.0360919 16:0.6007739 19:0.9490
1.0 2:1.898161 6:0.43825492 7:0.6007739 9:1.3147647 11:0.48954824 12:0.6613985 13:0.48954824
1.0 6:1.7530197 7:0.6007739 9:0.43825492 12:0.6613985 13:0.48954824 15:0.79492986 17:0.94908
1.0 4:3.3942063 5:0.79492986 7:0.6007739 10:1.0872309 11:0.9790965 12:1.322797 14:1.0360919
1.0 2:1.898161 4:1.1314021 6:0.43825492 8:0.9490805 11:0.48954824 13:0.48954824 15:0.7949298
1.0 1:0.86903787 2:0.9490805 3:0.9490805 5:0.79492986 7:1.2015477 8:0.9490805 9:0.87650985 1
1.0 2:0.9490805 10:1.0872309 11:0.48954824 12:1.322797 13:0.9790965 15:0.79492986 16:0.60077
1.0 5:0.79492986 10:0.54361546 11:0.9790965 12:0.6613985 15:0.79492986 16:0.6007739 18:0.794
1.0 1:0.86903787 2:1.898161 4:1.1314021 6:0.87650985 9:0.43825492 10:0.54361546 13:0.9790965
1.0 2:0.9490805 3:0.9490805 6:0.43825492 7:0.6007739 9:0.87650985 12:1.9841955 13:0.9790965
```

TFIDF는 문서를 벡터 형식으로 변환해주는 기능이다. 앞에서 소개한 군집, 분류, 추천 프로그램에서 TFIDF 데이터를 사용하면 텍스트를 활용하여 데이터마이닝 기법을 사용할 수 있다.

5) TFIDF 코드 분석

```
DataFrameReader fileReader=spark.read();
Dataset<String> wordSet1=fileReader.textFile("PoliticsNewsNoun.txt");
Dataset<String> wordSet2=fileReader.textFile("CultureNewsNoun.txt");
JavaRDD<String> lines1 =wordSet1.javaRDD();
JavaRDD<String> lines2 =wordSet2.javaRDD();
```

텍스트 파일에서 각 기사를 읽어 Dataset에 저장하고 Dataset을 다시 JavaRDD 형식으로 저장한다.

```
JavaRDD<Row> data1
  = lines1.map( s -> {return RowFactory.create(0.0,s);} );
JavaRDD<Row> data2
  = lines2.map( s -> {return RowFactory.create(1.0,s);} );
JavaRDD<Row> allData=data1.union(data2);
```

분류0에 해당하는 기사를 Row 객체로 변환하여 data1에 저장한다.
분류1에 해당하는 기사를 Row 객체로 변환하여 data2에 저장한다.
data1과 data2를 합쳐서 allData에 저장한다.

```
StructType schema = new StructType(new StructField[]{
 new StructField("label", DataTypes.DoubleType, false, Metadata.empty()),
 new StructField("sentence", DataTypes.StringType, false, Metadata.
empty())
});
Dataset<Row> sentenceData = spark.createDataFrame(allData, schema);
```

분류번호(label):기사(sentence) 형태로 정리하여 sentenceData에 저장한다.

```
Tokenizer tokenizer = new Tokenizer();
tokenizer=tokenizer.setInputCol("sentence").setOutputCol("words");
Dataset<Row> wordsData = tokenizer.transform(sentenceData);
```

실제 기사는 단어들의 조합이므로 이를 나누고 분류번호:단어집합 형태로 정리하여 wordsData에 저장한다.

```
int numFeatures = 20;
HashingTF hashingTF = new HashingTF();
hashingTF=hashingTF.setInputCol("words").setOutputCol("rawFeatures");
hashingTF=hashingTF.setNumFeatures(numFeatures);
Dataset<Row> featurizedData = hashingTF.transform(wordsData);
```

전체 기사를 분석해서 단어 개수가 n개 나오면 각 기사는 n차원의 벡터로 표현된다. 그러나 이렇게 하면 불필요한 데이터가 많이 만들어져서 데이터 크기가 커지고 비효율적이다. Spark는 차원을 줄이기 위한 기법을 적용하여 사용자가 지정하는 차원(20)으로 각 기사를 벡터로 표현해준다.
결과적으로 각 기사의 단어집합은 20차원의 특징벡터(Term Frequency, TF)로 변환되어 featuredData에 저장된다.

```
IDF idf = new IDF();
idf=idf.setInputCol("rawFeatures").setOutputCol("features");
IDFModel idfModel = idf.fit(featurizedData);
Dataset<Row> rescaledData = idfModel.transform(featurizedData);
```

최종적으로 가중치가 적용된 TFIDF 벡터가 생성되어 rescaledData에 저장된다.

```
OutputStreamWriter out=
 new OutputStreamWriter(new FileOutputStream("DocumentVectors.txt"));
for(Row row:rescaledData.collectAsList())
{
  Double k=(Double)row.get(0);
  out.write(k+" ");
  SparseVector sv=(SparseVector)row.get(4);
  int[] index=sv.indices();
  double[] values=sv.values();
  for(int i=0;i<index.length;i++)
  {
    out.write(index[i]+1+":"+(float)values[i]+" ");
  }
  out.write("\r\n");
}
out.close();
```

기사의 벡터 데이터를 파일에 저장하는 코드이다. Row 객체에는 '분류번호, 기사, 단어집합, TF 벡터, TFIDF 벡터' 순서로 데이터가 저장되어 있다.
분류번호를 가져오기 위하여 row.get(0)을 사용하였고, TFIDF 벡터를 가져오기 위하여 row.get(4)를 사용하였다. TFIDF 벡터는 SparseVector 객체로 저장되어 있으며 각 데이터의 차원번호(indices), 차원별 값(values)을 꺼내 파일에 순차적으로 저장했다. 차원번호는 0부터 시작되는데 차후 분석을 위해서 +1을 해주었다.

찾아보기

G

H

I

J

K

L

M

N

O

P

R

S

T

U

V

W

X

ㄱ

ㄴ

ㅇ

ㅈ

ㅊ

ㅋ

ㅌ

ㅍ

ㅎ